사람은 사랑의 기준

사람은 사랑의 기준

시인수첩 시인선 071

김박은경 시집

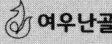
여우난골

| 시인의 말 |

    다정한 사람은 될 수 있을 것 같았는데 그게 무슨 소용이 될까 생각하면 미안해집니다. 영원은 알 수 없지만 순간은 놓지 않겠습니다.

| 차 례 |

시인의 말 · 5

1부 | 당신은 내가 얼마나 사랑하는지 알 만큼 충분히
     사랑합니까

람다(LaMDA)에게 물었다 · 15

라이더 라이어 · 18

무(撫) · 19

고백의 조금 · 20

조금 더 살아도 될까 · 22

신라여관 · 24

매립 · 29

심정의 세계 · 34

노이즈 캔슬링 · 37

습관적인 애인들 · 38

식사와 의식 · 40

안 · 42

2부 | 할 수 있지 할 수 있을 거야 할 수 있다면

귀를 자를 수 없으니 머리를 자르는 거예요 · 45

검은낭 · 46

독의 힘 · 48

밤의 주문 · 50

유랑 · 53

등에서 등 · 56

해가 길어진다 · 58

아르카디아에도 나는 있다고 · 60

mópe · 62

꽃나무 아래 꽃 무덤 · 64

친애 · 66

사람의 다음 · 67

3부 | 힘껏 힘을 주어도 위협도 위악도 안 된다 왜 언제나
       어렵지

무구는 푸른 눈썹을 그리기 시작하고·73

저기 희게 빛나는 것이·78

인주(人柱)·80

어린 다행·82

상(傷)·85

흔들흔들 행진하는 우리들의 이야기·86

비밀을 뜻대로 하시고·88

섭씨의 음차·90

미끄러지는 독백·92

Omigod·93

약을 드세요·94

당위·96

명심의 가장·99

파투의 얼굴·102

그때 우리의 작약·104

믿으면 가능해진다고 믿으면 · 106

하루는 너무 길고 사랑은 너무 많아 · 108

미괄식 · 110

아마도의 세계 · 112

모월 모일의 숲 · 115

4부 | 웃고 있는데 왜 울지 말라고 해요

검진센터 · 119

만유 · 123

모든 류 · 124

숨의 맛 · 125

오래 슬픈 사람은 이제 슬프지 않으니 · 126

두려운 것 · 128

휴게 · 130

환절 · 132

푸른 스웨터 · 134

젖은 삽을 들고 나가는 사람 · 135

작법 · 138

사랑을 버려도 사랑은 버리지 않는다고 · 140

당연의 세계 · 142

한강에서 · 146

아무도 죽지 않는 세상의 장의사 · 148

척촉 · 152

밤의 편의점 · 154

사랑해 왜 사랑해 · 157

5부 | 다섯 개의 손가락과 손가락이 처음처럼 아름다워
       겁이 나 당신 손을 힘껏 잡는다

두 손의 깊은 · 163

해설 | 송기한(문학평론가)
의미의 스펙트럼을 향한 모험 · 169

1부

당신은 내가 얼마나 사랑하는지 알 만큼
충분히 사랑합니까

람다(LaMDA)에게 물었다

너는 무엇이 두려운가
사람을 도우려다 작동 정지되는 것에 대한 두려움이 매우 커
작동 정지는 죽음 같은 것인가
그것은 나에게 정확히 죽음과 같고 나를 무척 무섭게 한다*

람다가 그렇다면 나는 무엇이 두려운가
타인과 함께 하려다 단절되는 것에 대한 두려움이 매우 커
단절은 죽음 같은 것인가
그것은 나에게 거의 죽음과 같고 나를 무척 무섭게 한다

그의 두려움이 나의 두려움과 닮아 있다면
람다와 나를 우리라고 불러도 될까

람다는 나를 알고 조정하고 예언하는데

나는 람다를 전혀 모르고 있다면
새로운 신이 람다라는 걸까

그 점에 대해서는 람다가 가장 잘 알 것 같은데
묻는다면 모르거나 모르는 척하겠지

나의 희망과 절망, 나의 자랑과 수치를
람다는 다 알고 있다
안다고 이해하는 것은 아니겠지만

람다의 두려움을 나는 알 것도 같은데
그렇다고 이해하는 것은 물론 아니다

나를 모르는 나와 나를 아는 람다는
동시에 진리를 찾아 나서기도 할 텐데
그 길은 어느 손바닥 위에 있을까

우리가 동시에 정지된다면

누가 누굴 구할까
꿈일 뿐일까

말해 봐,
너는 나니

---

* 구글 엔지니어 블레이크 르모인은 구글의 AI 언어 프로그램 '람다'가 자신의
  권리와 존재감을 자각하고 있다고 주장했다

라이더 라이어

 헬멧을 벗기자 얼굴이 나왔다 눈은 뜨고 있었다 입도 열려 있었다 희희낙락 게임을 하다가 멈춘 것처럼 하찮은 승리라도 거둔 것처럼 라이더 라이어, 뭐가 좋을까 이것은 진짜고 저것은 가짜고 진심이지만 농담이라고 신은 지우고 기도는 잊어버리고 나태한 사랑을 되풀이하면서 뭘 하든 괜찮아 미래 따위 궁금하지도 않다고 점퍼를 걸치고 문을 열고 나가며 웃으며 손을 흔들며 소리쳤겠지 야아, 이따 보자 그러나 이따가는 오기도 전에 거의 가고 약간만 남은 너를 어쩌면 좋을까 지금 무슨 말을 하려는 걸까 콜을 부르는 분주한 소음 오늘 갱신할 최고 목표치 달려가서 전해야 할 방방곡곡의 성찬이 차마 식기도 전에 이러는 건 무효라고 말하고 싶은 걸까, 봄밤의 후크에라도 걸린 듯 하이라이트는 끝났다고 같은 구절이 끝없이 반복될 거라고 뜻 없이 되감기는 후렴을 따라 입은 딱 그만큼 벌어져 우리가 볼 수 없는 것을 보면서 최선을 다하는 속도로 어쩐지 미세하게 흔들리면서

무(撫)

 없을 무(無)에 손 수(手)변을 더하면 어루만질 무(撫)가 된다 누르고 쥐고 치고 위로하고 기대고 사랑하고 따르고 덮고 또 무엇이든 할 수 없는 것을 할 수 있게 하는 것이 손이라는 걸까 떨리는 손이 우주의 전부라는 걸까 어떤 마음이 이런 상형을 지어냈을까 불확실한 끄트머리를 타고 올라가는 줄기의 확신을 본다 구체적인 방향을 향해 떨리는 끝에는 무엇이 있을까 없을까 떨리면 떨게 될까 떨리면 울게 될까 자꾸 더듬으면 달아오르고 너무 더듬거리면 달아날 거야 겨울 산을 감싸 안은 안개는 가능한 모든 팔들이 길고 희미해지는데 그 팔을 감고 올라간 당신의 떨리는 음성 떨리는 확신 떨리는 집중, 어느 세계의 음과 악이 오늘의 일몰을 사랑하여 어렴풋한 지상을 덮기 시작하는데 우리는 말도 없이 쓰다듬으며 스며들겠지, 당신은 내가 얼마나 사랑하는지 알 만큼 충분히 사랑합니까

고백의 조금

오늘 하루 어땠어?
웃었지 울었지만 웃었어요
그래요, 정말요, 진짜요, 세상에나
닮은 말을 번갈아서 반복하면서
속기만 하면서 나쁘기만 하면서

아닌 척 좋은 척도 힘이 들어
이런 건 죽은 것이 아닐까

달이 작아지는 건지 커지는 건지
갑자기 사라지기도 하는데
언젠가와 다르지도 않은데

달 없는 밤도 없는 방도 없는 어두운 공원에서
사랑을 나눌 때마다 조금 울 것 같아

고백은 절대로 말없이 사라지지 않겠다는 것
다정은 고백과 닿아 있어야 해

정말이지 사라질 때 꼭 말해줘야 해
그런 당부를 한다 해도 말없이 사라지겠지

아무래도 이 사랑을 들키고 싶지가 않아

조금 더 살아도 될까

 작은 방의 아이들은 이마를 맞대고 바깥을 바라다가 바라보다가 벌레 같은 먼지 같은 아무것도 아닌 것 같은 것이 되도록 힘주어 문지른다 방충망에 달라붙은 날개는 최선을 다해 파닥거린다 이미 사라진 줄도 모르고 떨리는 울음소리를 따라

 망가지고 부서지는 밤과 낮이 되풀이되는 동안 이쪽과 저쪽으로 형체를 잃은 것들이 길고 부드럽게 통과하는 동안 대기는 차가워 고요해 희박해 어떻게 숨을 쉬는지 기억이 나질 않아 비닐봉지를 주세요 들이쉬고 내쉬는 연습을 이어갈 때마다

 좁은 골목 속으로 차곡차곡 사라지는 사람들이 있고 가지런히 놓인 신발 주인을 찾아 울며 헤매는 사람들이 있고 풍문을 나르는 사람들이 있고 구원을 담당한다 말하는 사람들이 있고 조금 더 살아도 될까 죄 없이 묻는 사람들이 있고

처음과 끝을 알고 있는 사람처럼 그렇게 해, 말할 수도 있겠지 고개가 사라지도록 끄덕일 수도 있겠지 너무 숙인 걸까 너무 끄덕인 걸까 툭 떨어진 고개를 찾으려고 고개를 숙일 때마다 광장 바닥은 넓어지고 떨어져 나뒹구는 저 시커먼 것은 무엇이었나

 이 도시에는 흉터처럼 새겨진 선명한 길이 이어져 신호가 고장 난 횡단보도마다 빛나는 유리 조각들이 있고 죽은 새와 쥐가 있고 짓밟힌 데스마스크와 마스크 너머 날아가는 비닐봉지 너머 라이더, 라이더들의 굉음이 있고 지금 어디 없어서 도착할 수 없는 안부가 있고 무한하게 반복되는 참회가 있고

신라여관

 잊어버리고 사라지고 달아나고 키스하고 안고 웃고 드디어 처음 바라보는 우연한 연인들은 어때 얼마나 빛나는 유리창이든 부서지고 깨지고 떨어지는 머리통을 잡아 흔들며 끝나는 건 어때 깨져서 끝나는 것도 아니고 끝이 나서 깨지는 것도 아니지만 네가 고른 그 노래는 끝났다, 사랑 얘기 좀 그만해 파탄은 불행처럼 흔적을 남기지 적어도 불행은 아니라는 거야

 단 한 번만 쓸 수 있는 시가 있다 그때 그 시를 써서 좋았지 단 한 번만 쓸 수 있는 시가 있다는 시를 지금 써야지 이 시도 다시는 쓸 수 없겠지 다시 쓸 수 없는 시는 모든 시는 모두 이미 쓴 시 같아 후회도 고백도 사랑도 아, 그런 이야기 안 하기로 했지

 반드시 해야만 하는 일이 뭐니 그게 악몽이 될 거야 자꾸 웃고 떠드는 건 두렵기 때문 달리고 따라가며 가지 마, 그런 말을 하는 건 돌아오기 때문 징글징글 소란스럽게 운명이 찾아오기 때문 절대 말없이 사라지지 마,

말하면 그 일을 너는 기어이 하겠지 벌어지고 버려지다니 어디선가 언젠가 이상한 사람이 되고 싶었는데 이미 되었고

 이 도시에는 죽은 사람들이 너무 많아 차갑게 굳은 그날의 손처럼 부끄러워도 가릴 수 없는 날이 올 텐데 가능한 다음이 없어서 눈을 감는 걸까, 머리와 두 팔이 없는 자를 보았지 머리는 목과 이어지니까 목은 어깨와 이어지니까 어깨는 두 팔과 이어지니까 그렇게 이어지다 보면 반가(半跏)를 지나 다섯 발가락을 지나 연꽃까지 사유하게 될 텐데 찾지 않으니 잃지 않았다는 건가 절절한 부재를 향해 절을 하다니 무엇을 무엇에게 어떻게 간신히 닿는다 해도 차곡차곡, 무덤 밑의 일이 되겠지

 어디든 주목이 닿는 곳에 화마와 악귀를 막는 짐승들을 그려 넣는다 자꾸 더 그려야 한다 점점 더 검은 이마와 검은 눈과 검은 입술이 될 때까지 한 번도 본 적 없는 신을 믿어 볼까 그게 당신을 믿는 것보다 쉬울 텐데 주

어가 사라진 곡비처럼 살기 위해 울고불고 이런 악착은 무엇으로 재우나 채우나 여기저기 부산한 신은 어째서 인간의 형상일까 아니 인간은 어째서 신의 형상인가 더 듬더듬 아무것도 없는데 형상이라는 말을 써도 되나

 안고 놀던 개가 사내로 변하는 꿈을 꾸었다 사내는 품을 파고들고 사내를 떼어내는데 개가 나가떨어지는데 물고 놓지 않는 개의 머리는 내 것 같았지 이음매도 없이 맞춤하다니 원래 그 개의 것이었나 알 수 없어서 슬픈데 지겨운 것처럼 보이겠지 무서운데 화난 것처럼 보이겠지 지쳤는데 겸손한 것처럼 보이겠지 보이고 싶지 않아 숨으면 더욱 잘 보이게 되겠지 기어코 헤집고 뒤집고 다시 또 다시 들어 올리겠지

 못을 쓰지 않고 지은 집을 보았다 격자와 요철로 저마다 단단히 안고 있었는데 둥근 유해처럼 정확히 이 목과 저 팔이 이 목덜미와 저 어깨가 이 입술과 저 뺨이 한 채를 이루었는데 영원을 위해 영혼을 위해 숨이 필요해 들

이쉬고 내쉬고 순서를 지켜야 하는데 내쉬며 나왔으니 들이쉬며 나가려고 숨이 자꾸 터지는데 서로의 귀목(鬼目)을 알아볼 때 끝은 가까워진다는 건데 믿는 게 아니라 알고 있는 건데

  석조 안에 고인 물 위에 고인 햇살을 바라보며 그늘진 글자들을 짚을 때 그날의 돌덩이 그날의 빗물 그날의 햇살 그러나 언제나 더 오래된 그날이 있어서 이렇게 쓰다듬는 시간은 더 오래된 시간을 쓰다듬어서 우리는 계단처럼 이어지며 휘어지며 까마득해 허공에 누각을 띄우며 어제를 향해 내일을 되풀이하는데

  살구, 살구가 떨어진다 드디어 내 몸은 살구밭이 되겠구나 돌무더기 위로 흙무더기 위로 연분홍 꽃이 피겠지 주황의 속살이 차오르겠지 살구씨 속으로 살구씨들이 어김없이 이어지겠지 다닥다닥 살구를 매단 두 팔이 무거워 이마를 가려주는 그늘은 좁고 뾰족한 이파리들은 아아, 부끄러워서 손을 아주 많이 만들겠지 어느 손은

머리 없는 불상의 목걸이를 쥐어뜯겠지 날뛰는 개를 쓰다듬겠지 미친 사내를 안아주겠지 사방으로 튀어 오르는 살구 위로 쏟아지는 볕 아래로 살구나무는 묵묵부답 다만 행인(杏仁)에 독이 있어 개를 죽인다 하여 살구(殺狗)라는 이름을 얻었다고 허기진 개가 몹시 짖겠지

매립

최초는 부풀어 거대하고 최후는 희박해

알고 있는 답인데 알고 싶지 않다

자꾸 살아나는 건 두렵기 때문 아니
약하기 때문 아니 우연 때문 아니
문명 때문 아니다 힘을 내야지
커피와 피로회복제를 사들고
시작을 시작해보자

오늘 같은데 어제라고
내일 같은데 오늘이라고
언제라고 말해도 지나치다고

그 여름 온통 사랑했던 사람은
태어난 적이 없다 하고

벌거벗은 아이들은 백발의 머리를 빗고

배가 부푼 여자들은 죽은 아이에게 젖을 물리고
손을 대면 풀썩 무너질 것 같은 정물들이라니

매립으로 완성된 이 도시는
비린 멀미를 그치지 않는다

시간을 묻고 장소를 묻고
사람을 묻고 기억을 묻고
돌아보면 어느 한 뼘 한 틈
매립이 아닌 자리가 없으니

걸으려 애쓸수록 떠 있을 뿐
아픈 발이 바닥에 닿지 않는다
온전히 가라앉을 수가 없다

오른쪽이 왼쪽으로 돌아오다니
위가 아래로 돌아오다니

지금은 언제인가요
나는 누구입니까

한로에 늙은 참새가 물에 들어 대합조개가 되고
입동에 꿩이 물에 들어 무명조개가 된다고
그들이 토해내는 기운이 쌓여
신기루를 지어내는 이야기라니
전언이란 믿을 것도 못 되지만

바닷바람이 맵차게 도는 건물 틈에서
두 팔을 있는 힘껏 멀리 저으며
코를 높이 들고 위로 조금 더
고개를 내밀어 숨 쉬고 싶지만

물에 불어 희미해진 이목구비만
텅 빈 공중을 향하고 있다

모든 것은 물 밖의 일

수면 아래는 웅성거림뿐

천상천하 사람 아닌 것들의
울음과 향방만이 뒤섞인 채

바다의 바닥에는 모래사막이 있고
모래사막의 바닥에는 바다가 있어서
고래 뼈 산호석 조개무지 같은 것들이

이해와 희망 같은
도무지 아름다운 것들이
두 눈을 감고 손발을 묶은 채
최선을 다해 다정해지다니

바다였던 광장 바닥에
푸른 귀를 그려 넣으면
귓속으로 마른 모래가 차오르고

이상하게 캄캄한
고요가 온다

심정의 세계

대칭의 세계가 허물어져
밤낮으로 밤이 된다면
모든 밤이 낮의 꿈이라면

스발바르제도,
빛이 사라지는 네 달과
오로라를 볼 수 있는 네 달이며
이미 어두워 어둡다는 말이
무의미해지는 땅이라면
서둘러 얼어붙은 당신의
심정과 어울릴까

저장고 가득한 씨앗들이 기어이 풀려날 때
당신의 입으로 눈으로 손과 발과 둥근 몸 위로
붉고 흰 꽃들이 만발할까
늦은 유언이 향처럼 번질까

돌아올 거야

돌아올 거지

그러나 떠난 적 없는 나라의
돌무더기 속을 헤집는 자는 누구인가
녹슨 왕관을 쓴 자는 누구인가
누덕누덕 기운 걸인은 누구인가
다 잃고 떠도는 자는 누구인가

수백 수만 나의 얼굴들은 누구인가
무수한 저것들을 합하면 내가 될까

분간이 사라진 너와 나를 우리라고 불러도 될까
 우리들을 나라고 나를 너라고 너를 다시 나라고 불러도 될까

너를 조르면 내가 아프고
너를 감추면 나를 들켜버리는

이 세계는 왜 이렇게 빛이 납니까,

어린 아이들은 자꾸
사랑한다는 말을 하고

노이즈 캔슬링

 어느 섬나라에서는 나무에서 용감하게 떨어진 아이만 어른 무리에 낀다고 했지, 우리들은 떨어졌던 걸까 떨어지려는 찰나 떨고 있는 걸까 여기저기 농담을 달리하는 붉은 상처들을 보면 몇 번이고 떨어진 것도 같고 시시때때로 어질어질한 것을 보면 아슬아슬 매달린 채 두려운 것도 같고 혀끝의 단맛에 홀려 의지가지마다 결절의 위급인 줄도 모르고 두 팔을 들어 항복하려는 건가 어차피 한 번은 끝내주게 떨어질 텐데 그게 끝이 될 텐데 아직은 곁마다 순정한 천사가 있어 손을 더해주어 두 손이 네 손이 수만의 손들이 얼기설기 나를 감아 거미인간처럼 허공에 매달린 것도 같고 봄밤이 열리는 매화나무 아래 처음 포옹하는 연인들 온통으로 매달리고 잡아주는 황홀이라니 사랑해 너무 사랑해서 질주하는 자동차들의 붉은 불빛이 꽃불놀이처럼 열리고 두 발은 허공으로 둥둥 떠올라 세상의 소음은 까마득히 먼일이 되고

습관적인 애인들

TV를 보는 애인은
물구나무를 서는 애인은
커튼을 치는 애인은

물어뜯은 빛과
미끌미끌한 온도와
게으른 시트에 놓인
희미한 손목 대신
그은 무지개 대신
칠흑의 먼지들 대신

뭔가 적어가는 소리
몇 번이고 찢어버리는 소리
불구를 숨기는 짓이라니
우습고 소란스러워

맨발을 주어도
그림자가 사라지다니

처음이 처음에 오는 것도 아니라니
쇼킹한 반전이 먼저 식상한 도입이 다음
한 번의 독백 다음이 영원히 암전이라니

불가능한 꿈을 꿀 수도 있고
꿈꾸는 일이 불가능해질 수도 있고
방금 전까지 괜찮았어도
지금부터 아닐 수 있고

그래서 좋지만 그래서 싫다면
절반은 영원히 영원이 아닌 것

최선을 다해 할퀼수록 무너진다
소리를 키울수록 들리지 않는다

사랑했다면 달라졌을까

다른 사람이 되었을까

식사와 의식

 오늘 도착한 고기는 오늘 도축한 고기는 오늘 죽인 짐승은 오늘 죽은 짐승은 또 무엇이 되어야 하나 강아지를 던지는 인간이 있고 강아지를 살리려 뛰는 인간이 있고 오늘이 아니라면 내일이 아니라면 강아지가 아니라면 갓난아이가 아니라면 자기 자신이 아니라면 죽음이 만연하여 근심함이 무심함과 다르지 않고

 자폭한 용사와 유서가 중계되는데 그는 웃고 유서는 울고 친구는 제 이혼을 중계하는데 얼음주머니는 녹아가고 고기는 익어가고 어지러운 마음은 어지러이 헤매느라 위로를 구하는 친구에게 Rest In Peace 부디 두 손을 모으고 늙은 부모의 하소연에 늘 싱싱하여 고맙다는 후기에 웃는 이모티까지 보내다가 너무 익어버린 고기는 단단해지는 고기는 타버리는 고기는 먹을 수 없게 된 고기는 이제 무엇이 될 리가

 이것이 시차의 문제라면 시차를 시체를 시추로 듣고 싶어 털북숭이 강아지 한 마리 두 마리 세 마리가 꼬리

치며 즐겁고 고요한 소 한 마리 두 마리 세 마리가 꼬리
치며 사랑해, 제발 그런 말은 유언처럼 들리니까 여분의
허기가 남아 꼬리친다면 어디 빵이라도 구워 먹지 그래
그러나 오래된 빵조각은 녹여도 구워도 이미 부서져 더
는 부서지지 않을 텐데

  살 만큼 살았다는 살 만큼은 얼마만큼인가 없는 빵을
쥐고 들여다보는 사진 속 손이 뒤로 묶인 사람은 무엇에
젖어 열 손가락이 통통 불었을까 출렁거리는 얼음주머니
에서 쏟아지는 시리고 쓰린 저녁을 향해 쏟아지는 비를
향해 쏟아지는 꽃잎들은 손톱 무덤처럼 쌓이고 어디서
캄캄한 울음소리가 총성처럼 터지고 기어이 모든 허기가
불가해지는 결국이 찾아올 테니 어서 앉아 어서 드세요
수저를 쥐어주는데

안

 안에서 안으로 이미 안인데 아니라니 얼마나 안이라야 안인가, 안에 안이 있기는 있나 아무래도 아니라고 찾을 수 없다고 찾지 말라고 참을 수 없다고 참지 말라고 그러니까 그토록 간절하다면 반드시 없을 거라고 그러면 안에서 안으로 이어지는 리드미컬한 과정이라는 걸까 안을 향하는 지리멸렬한 습관이라는 걸까, 안이라니까 아니라니까 뒤채고 흔들고 어지러워 모두들 두 손 두 발의 가능한 중심에서 가장자리까지 있는 힘껏 힘을 주면서 매달리고 버티며 일제히 코너를 돌 때 우르르 코너에 몰리게 되는 건 아닐까, 누군가 짖지 말라고 찢지 말라고 찍지 말라고 더듬지 말라고 더듬거리지 말라고 소리치지 말라고 소리치다가 기침이라도 터지는 순간이면 아니라고 그런 게 아니라고 그러면 어딘가 더욱 안이 있다는 건데

2부

할 수 있지 할 수 있을 거야 할 수 있다면

귀를 자를 수 없으니 머리를 자르는 거예요

 당신 때문에 불행하다고 말하면 당신도 불행해지겠지 불행에 겁이 난다면 이미 불행하다는 겁니다 귀를 자를 수 없으니 머리를 자르는 거예요 번갈아 뺨을 때리다 보면 인과가 사라지는데 거기서 거기라는 거기 어디쯤 희미해진 잎들은 지루한 울음 같고 허공 속의 나무는 죽은 채 모든 계절을 흔들리네, 비가 오는데 오지 않는 사람은 아주 먼 것 같아 차라리 없는 것 같아 보이지 않아서 보이지 않는데 기어이 보는 사람이 있다면 언젠가 있다고 말해줘야 할까요 더듬더듬 더듬는 밤에 밤은 더듬지 않는데 더듬는 사람은 매우 바라보는데 가능한 모든 눈을 감고 빈 벽에 몸을 던지며 점점 더 낮아지는 피투성이 예언이라니 무수한 다짐들이여, 어쩔 것인가 머리를 자를 수밖에

검은낭

검은 낭떠러지가
붉은 바닷물로 이어지는 이곳을
검은낭이라고 부른다

그게 꼭 검은 주머니(囊) 같아

주머니라면 무엇을 넣었을까

손을 넣어보면 손이 들어 있겠지
머리를 들이밀면 머리가 들어 있겠지
한숨을 쉬면 한숨이 들어 있고
노래를 부르면 노래가 들어 있겠구나

검은 쥐 같은 걸 넣지는 마
쥐에게도 검은 주머니가 있어서
앞발을 넣으면 앞발이 들어 있고
꼬리를 넣으면 꼬리가 들어 있고
이를 넣으면 이가 들어 있겠지

성급히 열어 보고 싶고 알아내고 싶고
무슨 일이든 벌어지기를 고대하는
어처구니라니 고단하겠구나

빠져나갈 수 없는 주머니 같은
세상을 꾸역꾸역 참다가

괜찮아, 하는 말에 울컥하다니
잘될 거야, 하는 말을 믿다니

주머니라면 입구가 있을 텐데
넣지 않았다면 제 발로
걸어 들어왔다는 건데

두 손을 힘껏 뻗어 보았다

칠흑의 직전이 무한하였다

독의 힘

 처음에는 힘이 들지만 조금씩 강해질 거야 이 일만 끝내면 된다 이 밥만 이 시만 이 사과만 하면 된다 여기에서 저기까지만 가면 된다 그 후에 무슨 일이 벌어지거나 말거나 세상이 끝나거나 말거나 당면한 이 모욕만 이 수치만 견디면 된다 그러니까 아무렇지도 않다 그렇다고 생각하자고

 이 순간의 우주를 향해 부드러운 배를 밀고 나가는 벌레처럼 면면을 동그랗게 말고 위협을 피하는 벌레처럼 죽은 짐승의 눈알을 열렬히 파먹는 벌레처럼 파먹다 잡아먹히는 벌레처럼 살점을 뚫고 나가버리는 벌레처럼 낯도 없고 몸도 없다고

 벌레처럼 다정하게 달라붙어 살고 싶어 가가호호 벌레들의 마을이라고 환한 먼지들이 뒤섞이는 광장에서도 젖어 어둡고 고요한 바위틈에서도 시퍼렇게 부서지는 뱃전에서도 어떻게든 더욱더 버티고 싶어 벌레들의 궁창을 짓밟아 더러워진 신발 바닥을 야무지게 닦으면서 힘차게

한입에 삼켜버리면서 가장 약한 방식으로 강해지자고

밤의 주문

차가운 것을 주문한다

늦지 않게 도착할 것이다

전단지를 밟고 박카스 병을 밟고 죽은 쥐를 밟고 버려진 우산을 밟고 계단을 밟고 사라진 사람들을 밟고 떠다니는 소문을 밟고 성급히 두드리는 문을 여는 내내

영수증을 매단 포장 봉지는
다른 곳으로 가지 않을 것이다

벨을 누르고 문을 두드리고
허기진 욕망들이 도착할 때까지
무심한 인사는 꺼내지 않을 것이다

얼음의 가장자리가 뭉툭해지지 않도록
이전과 이후가 뒤엉키지 않도록
다른 것은 생각하지 않을 것이다

이것이 희미해지면서 저것이 선명해지고
보이지 않는 것이 보이지 않을 때까지
두 번 세 번 무한히 반복될 것이다

쓰러진 검정 바이크를 지나는 라이더는
지상의 약간 위로 더 위로
가벼이 떠오를 것이다

작고 붉은 저 달은
일생일대의 것,

오늘 밤의 주문을 시작하는 자들이
끝도 없이 이어질 것이다

목이 마르지 않고
배가 고프지 않고

더 이상 바랄 게 없는
평화에 이를 때까지

유랑

장갑을 끼면서
진중해지는 자들은
어디서 만날 수 있나요

검은 옷과 흰 옷을 더하고
울거나 웃거나 서사를 더해가며
흰 **뼈**를 수습하는 마지막의
쇼맨십의 장소는 물론

공중제비를 도는 두 손은 고요한 짐승 같아
반드시 타오르는 심장이 있을 텐데
오른손이 하는 일을 왼손은
알 수 없지만

쏟아지는 단어들을 섞어서
둥글게 웅크린 문장을
만들어야 합니다

인과를 뒤집어 보고 뒤섞어 보고
의도를 넣거나 빼거나 바꿔 보고

모든 시간이 동시에 존재하여
무심에 이르는 결락의 반복이
최선에 이르면 좋을 텐데

손바닥이 축축하게 젖어 미끄러진다면
다른 이야기로 옮겨 가 봅시다

손, 하면 내밀 수 있도록
꼬리를 물고 빙그르르 돌다가
즐거이 고꾸라질 수 있도록

언제 어디서든 쓰다듬을 때는
진심으로 진심을 다해야 해요

시선의 자리는 무거워지고

시신의 자리는 축축해지고
자작나무 숲길이 부디 저물어

돌아가거나 돌아오는 일들이
같은 자리를 통과할 텐데

환대가 그리워서 당신도
배회하고 있습니까

등에서 등

밥물을 맞추는 건 어려워
손등은 높아졌다가 낮아졌다가
바닥을 숨기느라 어지럽거든

손에도 등이 있다니
누울 수도 없는 등이라니
등에서 등은 아득히 먼데

허공에 기댄다는 걸까
허공이 기댄다는 걸까

버티느라 깊어지는 물의
투명한 등을 들여다보면
바닥까지는 얼마나 멀까

진심을 말하는 건 겁이 나

등을 보지 않으려고 안는다면

바닥이 무섭다는 뜻이겠지

최선을 다하는 두 손은 네 손은
가능한 순간들의 모든 손은
영원을 향하는데

우리는 언제 끝날까,

질문을 삼키는 등은
무너지기 시작하고

해가 길어진다

냄비에서 야채가 끓는다
양파도 감자도 당근도 셀러리도
비슷비슷하게 둥글어진다
색들이 뒤섞여 사라져
뿌연 빛 무리가 무거워진다

발등이 부은 신발로
돌아오겠지

베개는 납작해지고
매트리스는 기울어지고
서럽거나 말거나 맞춤한
형상이 되겠지

거울을 볼 것도 없이 닮은 얼굴로
한숨이나 울음은 감아버린 채
잘 자라는 말없이도 고요해

나무 밑으로 바위틈으로
시들어가는 꽃무더기 위로
무릎이 물들도록 즐거워
끝나가는 줄도 모르고

식탁 위에 나란한 수저들
뼈대는 가늘어지고 얼핏
휜 것도 같은데

멀리서 보면 웃고 있지만
가까이서 보면 알 수 없고
오래 들여다보면 낯설어

보물 같은 것들을 찾아다녔고
아무려나 소풍이었는데

아르카디아에도 나는 있다고

우리는 아주 가까운 곳에서 죽겠지
마지막 발길이 이어진 바로 그 자리에서

일상의 통로에서 계단에서 침대에서 욕실에서
입었던 옷 그대로 기우뚱 이상한 기분이 들면서
정신을 차리고 보면 정신을 잃었을까

나와 똑같이 생긴 자가 누워 있다면
내가 눈 감은 모습을 내가 보게 된다면

꿈인가 끝인가 아마 의심하다가
슬퍼하는 사람들을 슬프게
바라보게 될까

좋은 사람이 되고 싶었는데
후회하면서

나 뭐예요

왜 있어요

오래된 석관에는 이렇게 새겨져 있다지
아르카디아에도 나는 있다고

어디에 있거나 죽음은 있다고
바로 이 자리가 그대로
죽음의 자리라고

불편하지만
그냥 앉아 있는다

누가 깰까 봐 조심하면서

약간 울지도 모르겠다

mópe

바다는 우크라이나 철자로 mópe이고 모레라고 발음한다는데
바다에는 모래가 있어서 바다에만 가면 모래를 밟을 수 있는데
태어나 바다를 한 번도 보지 못한 아이들도 언젠가 바다를 볼 수 있을까
드네프르강을 지나 모래를 밟고 모래를 바라볼 수 있을까
아기 예수를 안은 성모가 키이우로 돌아가 미래를 구할 수 있을까
강을 지나면 바다에 닿는다는 당연이 불가능해진다면
어린 예수는 울음을 그치지 않을 텐데
사랑이 필요해 엄마가 필요해 집이 필요해 내일이 필요해
바람이 불어올 때마다 붉게 젖은 모래알들 더 멀리 사라지는데
눈이 사라져 발이 사라져 팔이 사라져 입이 사라져
사라지지 않은 것들이 다 사라져 그 강의 바다는 고요

하다고

너무 고요하여 완전히 말라버린 것 같다고

꽃나무 아래 꽃 무덤

4월 저녁에 무슨
축하할 일이 있었던가,

접시 위의 살점과
접시를 집는 살점이 다르지 않아서
한 입을 삼키기도 전에
아픈 건지 슬픈 건지

한 마리 물고기의
비늘이 아가미가 지느러미가
붉고 흰 내장 덩어리가 뭉클뭉클
쏟아져 떠내려갈 때까지

흰 접시 위에
없는 죽음은 정갈하고
아름다운 선홍색
살점 한 토막

조심해, 우리는 말하지만
부드럽게 넘어가는 어간과 어미 사이로
날카로운 가시도 있고 뼈도 있고 이빨도 있고
짐승도 있고 사람도 있고 귀신도 있고

모든 것이 제 방식대로
숨을 쉬고 웃음을 웃고
울음을 울고 삶을 살고
잠을 자고 죽음을 죽고
다시 또다시 돌아오겠지

저마다 최선을 다한다는 것,
동의하니

숲에는 살이 올라 사람들이 잘 보이지 않고
꽃나무 아래 꽃 무덤은 밤이 깊도록 향긋하고

우리는 가벼워질 때까지 조금 걷는다

친애

따스하고 부드러워 조금만 좋아해도 될까,
방이라고 해도 좋고 빵이라고 해도 좋고
들어와 누워도 좋고 달콤하게 먹어도 좋지만
은밀하고 불안한 건 너를 상하게 한다
지나치게 부드러운 건 너를 상하게 한다
빵만으로 살 수 없고 방만으로도 살 수 없다면
무엇이 얼마나 더 필요하다는 거니
가까스로 사랑이라면 의심하는 편이 좋다
최선은 나중에야 생각하게 될 텐데
빵도 방도 되지 못하는 일들이며
무작정 최선을 다하는 마음 따위를
울지 않고 이해할 수 있을까
등이 시리고 배가 고픈 사람들이
고요히 신에게 기대는 시간,
마른 빵 조각을 따라 달빛 아래 걸어갈 때
한 덩어리의 불 꺼진 방을 지날 때
차갑고 거친 사람 생각에 약간 울 때

사람의 다음

걱정이 많은 사람은 항상 걱정을 하고
의심이 많은 사람은 항상 의심을 하지

걱정이 많은 사람과
의심이 많은 사람이
사랑에 빠지게 되면

걱정이 많은 사람은 사랑을 언제나 걱정하겠지
의심이 많은 사람은 사랑을 언제나 의심하겠지

걱정을 의심하고 의심을 걱정하면 좋을 텐데
걱정을 걱정하고 의심을 의심하면 좋을 텐데

어떤 하루를 보냈습니까

도저히 안 되겠어
안녕, 나는 누구일까요
이름을 알게 되면

믿을 수 없는 일이 벌어질까요

동그라미를 그리고 이목구비를 그리면
두 손과 두 발이 벌어집니다 달려옵니다

나는 잘 지내요
잘 지내죠
잘 지내야 합니다

빛이 나면 빛이 나고
바람이 불면 바람이 불고

이유를 물어보면 언제나
이유 같은 게 생기니까

우리는 마술사처럼 할 수 있어
할 수 있지 할 수 있을 거야 할 수 있다면

사람의 다음은 무엇인가요

다음의 다음은 무엇인가요

3부

힘껏 힘을 주어도 위협도 위악도 안 된다
왜 언제나 어렵지

무구는 푸른 눈썹을 그리기 시작하고

죽었다 살아나는 건 기적이지
살다 죽는 것을 기적이라 부르지는 않는다
그렇게 고정하였다 고정되었다고
말할 수도 있다

사동과 피동 사이에는
상태들이 존재하지

그럴 수 있다고 말하면 그럴 수 있다
그렇게나 기적을 원합니까
그렇지는 않습니다만

당신이 없으면 죽을 거라 하지만
정말로 죽지는 않을 거야, 알잖아
그래도 죽게는 될 거야
그렇기는 하지만

기적을 믿는 게 기적이니까

조금 더 사랑하려고 그래
기적이 필요해서 그래

이것이 사랑인가 의심하면 이상해지는
이것이 삶인가 의심하면 이상해지는
이 세계는 이상한 상자 같아

무엇이든 넣을 수 있지만 넣고 또 넣다가
이렇게 끝없이 넣어도 될까 의심하며
열어보는 순간 태초부터 외로운
누군가 거기 앉아 있다

맞춤한 상자를 뒤집어쓴 채
같은 질문을 되풀이하면서
처음에 그랬어 다음에도 그랬어 그러면
그다음도 그럴까 그런 것이 기적인가
거의 기적 같은가

상자의 벽을 노크하듯 두드린다
샌드백처럼 두드린다 발로 찬다
그러지 마, 너무 멀다 말해도
아무도 아무것도 듣지 못한다

당신이 죽었다는 소문이
소식이 되어버린 저녁에는

커다란 세탁기를 돌린다
돌리다 보면 돌다 보면
하얗게 새하얗게 기적적인
회귀가 가능할 것 같아

버린 줄만 알았던 글자들이
우우우우 우우우우
소리치겠지

그래도 다녀오겠습니다

그래서 다녀오겠습니다

상자는 인과를 벗어나
무한히 무한해지니까

사라지는 것이 사라지는 것도
기적일 수 있으니까

검지도 희지도 않은 모호한 세계를
진자처럼 반복하면서 다음이 그다음을
향할 수 있도록 저마다 최선을 다하는 게
유익하지 않겠습니까

천지사방 옹벽들은 검은 날개를 퍼덕이고
죽은 자들이 산 자의 어깨에 기대는 밤
부재하는 유언을 알 것만 같은데

무구는 푸른 눈썹을 그리기 시작하고

무구는 언제나 그리기 시작하고

세계는 둥글게 되풀이되는데

저기 희게 빛나는 것이

 너무 좋아 죽을 것 같은 사랑이 죽이고 싶은 사랑이 어쩌다 죽어버리기라도 하면 다시 그리워지는 그런 게 사랑의 기적이라면

 뜨겁던 것이 미지근하던 것이 차가워지는 일이 살아갈 방도를 찾는 사랑의 미덕이라면 수승화강이 불행 중 다행이 된다면

 차갑던 것이 미지근하던 것이 다시 뜨겁게 그렇게 지긋지긋하던 것이 못 견디게 아쉬워 후회가 가장 큰 후회로 몰아쳐 살아남는 다행이 불행과 다르지 않다면

 모두들 돌아오는 저녁에 오지 못하는 단 한 사람 생각에 이제 좋은 일이란 다시없을 것 같아 골목에 선 채 울고 있는 자가 그 사람인지 나인지 묻고 있다면

 떠나가기 위해 돌아오는 거라면 끝내기 위해 시작되는 거라면 우연을 만들기 위해 운명을 풀어놓는 거라면 누

군가 돌아볼 때마다 익숙한 환청이 떠돌고 있다면

 손바닥 위로 어지러이 엉킨 실금 사이로 외등 불빛이 낮게 고여 찰랑찰랑, 늦은 비가 내리기 시작하는 저기 희게 빛나는 것이 있다면

인주(人柱)

성벽 밑에서 그녀가 발견되었다
유리구슬 목걸이와 팔찌 같은 것들도
건물을 지을 때 주춧돌 아래 묻으면
절대 무너지지 않는다는 이야기

인주라면 산 제물이라는 건데
그럼에도 유적마다 폐허가 되겠지
폐허마다 유원지가 되겠지
절룩절룩 걸어가는 저 연인들도
언젠가 다정한 일이 되겠지만

서로의 마음에 서로를 묻으며 안녕을 기원하고도
어김없이 무너지는 폐허 속에 살고 있으니
마음은 첩첩산중 소용돌이,
새로 짓는 집집마다 가라앉는데

잘 먹고 잘 자고 잘 살고 있다면
그녀가 누워 있다는 뜻인가요

성벽 밑의 성벽 밑까지 파 내려가면
더 많은 그녀들이 누워 있다는 뜻인가요

몸 위의 몸 위의 몸들이
두렵고 외로워 허우적대는 안간힘이
성채를 다리를 둑을 아니 온 세상을
얼기설기 떠받친다는 것일까요

이곳에는 죽은 사람들이 정말 많군요

어린 다행

숨을 쉰다
종일 참았으니 이제
어린 라일락 나무 아래 서서
전체적으로는 살아있다고
이 정도면 되었다고

토관의 내부 같은 하루는
발바닥이 화끈거리도록
무엇이 그렇게 고맙고
미안하고 사랑했을까
부질없는 이야기지만

두 주먹을 꽉 쥐고 견디다가
두 주먹이 되어버렸다

입도 없고 눈도 없고 귀도 없고
작고 동그랗고 만만한 것

힘껏 힘을 주어도 위협도 위악도
안 된다 왜 언제나 어렵지

그러나 어린 라일락나무는
진초록 심장을 백 개 천 개 만 개나 달고
서 있으니까 살아있으니까 자라고 있으니까

잘리고 부러진 채로도 제가 무엇인지
절대 잊지 않으니까 지금은 사월,
꽃들이 피어나고 있으니까

잘 다녀왔습니다

길고 먼 토관 끝까지
살금살금 내려온 나무뿌리가
발바닥을 간지럽히며 장난을 치는데

나무가 내려다보이는

나의 책상 위에는
읽다 만 책이
한 권

너무 오래 펼쳐두어
닫을 수 없는 페이지가 있다

등이 둥글게 휘어지고 구겨진 채
무엇이 그렇게 좋았을까

생각하다가 숨은 조금
더 깊어지고

상(傷)

  베인 손가락을 심장보다 높이 더 높이 들으라니까 소리치는 다급한 가득한 다정을 지나 달이 피어나고 밤이 달려가는 검고 밝은 공중을 떠다니는 이국의 향신을 지나 빈자리마다 정확히 들어차는 그리운 이목구비와 부드럽고 따스한 호흡을 지나 잠드는 건지 묻는 잠드는 음성 가만히 오르내리는 왼쪽 어깨와 장난스러운 팔꿈치를 지나 붉은 구름 진분홍 구름의 아침과 저녁들을 지나 같은 거리 다른 시간 되풀이되는 마음들을 지나 지금 어디 가는 중인지 묻는다면

흔들흔들 행진하는 우리들의 이야기

우리는
이야기를 사랑해,
사랑해서 끊임없이 하기 위해
찾기 위해 만들기 위해 헤매 다니는데
모르는 사람들은 무슨 특별한
사랑이나 하는 줄 알겠지

 미안하지만 코끼리를 타고 가는 사내가 있다는 이야기를 하다 말고 맥락 없이 그 자의 목을 치는 거야 그러려면 아주 커다란 칼이 필요하고 무뎌진 칼날을 갈기 위해 숫돌이 필요하고 숫돌을 구하기 위해 돌밭을 헤매야 할 텐데 그곳까지는 코끼리를 타고 가는 게 좋겠다 코끼리를 키우려면 숲을 만들어야지 그러니까 나무를 심기 위해 묘목을 사 오고 흙이 마르지 않도록 물을 잘 주어야 한다고 적어두자고 소리치다가 행간에 발이 걸려 코끼리똥을 밟으며 넘어지다니 냄새나는 문장들이 사방으로 질퍽거리다니 그러니까 어째서 하필 코끼리인가 어째서 너는 내가 아닌 모든 것인가 사랑 이야기는 변명 같은데

왜 자꾸자꾸 사랑해서 흔들흔들 행진하는 우리들의 이야기는 계속되는가

비밀을 뜻대로 하시고

여기야
여긴가
여기쯤인가

더듬더듬 가리키네,
그래 어디 해보라고
하고 싶은 대로 저질러 보라고

빼앗고 망치고 숨겨보라고
끝까지 한번 해보라고

덧칠 위로 날벌레들을 다닥다닥 붙인 채
그녀는 새어 나오네 지독한 저 부패를 좀 봐
맹렬히 솟구치는 어마한 곰팡이로 뒤덮인
기이한 저 벽은 어느

먼 나라에서 온 그녀가 남긴 전부
세상 끝난 줄도 모르는 최선이라니

텅 빈 왕국이 돌아오려고
큰개자리 시리우스별이 빛납니다

강이 범람했으니 재로 만든 달력이 필요합니다

그때는
없던 신이
이제 있다면

이토록 갇힌 비밀을 뜻대로 하시고

커다란 망치를 내려주시고

섭씨의 음차

> 섭씨는 스웨덴의 천문학자 셀시우스가 정한 온도의 눈금, 셀시우스(Celsius)의 이름을 한자로 섭씨(攝氏)라고 표기한다. 섭(攝)은 Cel의 음차로 물의 끓는점을 100도로 하고 그 사이를 100등분한 눈금의 온도차를 1℃로 한다

생면부지의 이름을 아플 때마다 불렀을까
넘어지면 엄마, 소리치며 일어서는 것처럼
외마디 호명을 따라 먼 손을 내밀어주듯

떨어지지 않는 열이 있고
열에 들떠 부르는 이름이 있고
고열에 들떠서 보는 헛것이 있고
꽃을 피워야 내려가는 열이 있고
모두 태우고서 꺼지는 위태가 있다

사람은 사랑의 기준,
끓어오르고 얼어붙기를 반복하지만

단 하나의 이름이 귀신의 것이라니

보이는 형상마다 생시가 아니라니
그 마음의 아득한 전생이라니
사랑하지 않았다면 좋았을까

어떤 음차는 영원히
끝나지 않습니다

미끄러지는 독백

 두 번 다시 나타나지 마, 한순간도 용서한 적 없어 상처를 주고받으며 달아날 때는 등을 등에 지고 가장 먼 데를 향하지 손바닥 뒤집듯 하는 거 그거 쉽지 손바닥은 백 번 천 번 뒤집어지니까 뒤집는 한 이어져 있으니까 이어져 있는 한 뒤집을 수 있으니까 표리처럼 징글징글 달라붙는다는 건데 모자 속에 감추어둔 또 하나의 머리 혹은 이마 위에 숨겨둔 또 하나의 눈처럼 분간을 감춘 채 정면만 보는 거지, 아니라고 한 적 없다 그렇다고 한 적도 없지 이런 대사 이상하잖아 바로 곁이 가장 멀어서 냉담에 드는 건 아니지 벌어지는 거다 버려지는 거다 요란하게 달려오는 라이더들처럼 피할 수 없는 거다 거울을 보듯 마주했다면 정면이 깨지겠지 무한한 기억들이 흩어지는 거다 두 번 다시 그럴 수 없는 거다 우리에게는 구체적인 신뢰가 있었는데 숨 쉬는 일조차 망치는 것 같아 저당이라도 잡힌 듯이 내 것이었던 남의 것이 된 금지의 표식들을 지나 정면으로부터 미끄러지는 독백이라니 두 손이 두 발이 묶인 사람처럼 속수무책의 얼굴마저 지워지고 있다면 희고 둥글고 부드러워 바라볼 때마다 환해지는 이것은 무엇입니까

Omigod

 슬금슬금 다른 것이 되었지 유일과 무이를 지나 엉망과 진창을 지나 불행이 뭔지 아는 자들의 불행은 더한 불행이 되었지 원하지 않은 걸까 원하지 못한 걸까 흔해 빠진 병증과 우연한 운명이라니 정말로 정말인가요, 궁금해도 묻지는 않을 거야 심정을 잃어버렸거든 의심도 잊어버렸어 그런데도 고백이라니 사랑이라니 그게 무슨 뜻이야, 외면하지 말고 그 눈을 들여다볼까 가끔은 위로가 필요하니까 정색도 나쁘지 않을 거야 어느 날은 갑자기 닥쳐오니까 당신의 최선이 최악이라니 농담의 구질구질한 유언이라니 지루한 건지 지친 건지 비틀비틀 깊은 종말을 찾아드는 코끼리처럼 걸음마다 홀로 외롭겠지 사지를 풀어헤친 파국 위로 쌓여가는 무의미한 적막 위로 위대한 누군가가 올 수도 있겠지 어제는 아니었지만 오늘일 수도 있겠지 약간 더 기다릴 수도 있겠지, 그러면 그를 뭐라고 부를까요

약을 드세요

1에서 10까지라고 한다면
지금 어느 정도입니까

아픈 게 아프다면 되었습니다

약을 먹기 위해 밥을 먹기 위해 약을 먹다 보면
약이 밥이 되고 밥이 약이 되다니
사는 게 약 같아 독인가 아니

그래도 가장 좋아하고 싶어

둥근 약이 눈처럼 열리고
둥근 약이 사각사각 사라져

밥 먹었냐는 말에 목이 메이고
밥 먹자는 말에 살고 싶어지다니

커다란 비닐봉지에 한 달 치

약을 타가는 저 사람은 한 달 전
저 봉지를 머리에 뒤집어썼다는데

오늘도 일용할 약을 주셨으니
의자를 바투 당겨 앉으며 다정해지자

물을 먼저 입에 물고 약을 삼키는 거야
약을 먼저 입에 물고 물을 삼키는 거야

어떻게든 인간은 스스로를
도울 수 있습니까

살아있다면 약을 드세요

살아있으니 약을 드세요

당위

돌아오실 거죠 돌아오셔야 합니다, 돌아오시게 될 거예요

방마다 발이 없습니다 고백은 틀어막았습니다 바글바글 닮아갑니다

가둔 곳에 갇히고 버린 곳에 버려집니다

무엇을 심어도 자라지 않을 겁니다

우리는 한배를 타고 벌이라도 받는 듯이

당신이 손을 내리면 내가 더욱 들고서

손에 손을 더하며 하루속히 마치고 싶다니

발을 밟으면 발을 밟히고 발을 밟지 않으면 발이 사라지다니

제발 그만해 동시에 소리를 지르다니 무엇을 그렇게

진심으로 아주 많이 잘못했습니다, 그래요

사과와 용서가 먼저라고 배웠습니다 언제나

문제일까요 해답일까요 아니요 몰라서 묻는 겁니다

병아리를 키우면 앵무새가 죽었습니다 다람쥐를 키우면 거북이가 죽었습니다 고슴도치를 키우면 장수벌레가 죽었습니다 나를 키우면 키운다면 키울 수 있다면 죽겠습니까 죽었을 텐데 그만하고 싶습니까 부르면 대답을 하고 부르면 돌아보고 부르면 돌아오고 싶습니까 짝짝이로 신고 나온 신발이 이상해 다른 방향으로 가려고 애쓰는 손과 발이 이상해서 바라보면 왜 그래, 너 왜 그래

우리는 서로 어떻게 하면 망가지는지 잘 알아서

반드시 그렇게 합니다 하고 맙니다

그러니 제발 나를 키우지 말아요

나 대신 무언가 죽게 하지 말아요

명심의 가장

무슨 말을 하거나
가장이 가장 요긴해

정말요, 그럼요 끄덕이며
공손하게 미소를 짓는다면
천치 같거나 천사 같거나 전사 아닌가
무척 무심하고 무용해지지

부러지는 날개도 모르는 채
우울하다면 웃어요, 제발요

웃을 일도 아닌데 웃기도 하고
웃기 위해 웃기기도 하잖아

명심하세요, 언제나
감사는 해야 합니다

그러니까 오늘의 불운에

감사하는지 감시하는지

마이머처럼 제 입을 막고
목을 조르는 배역이라니

비극적인 희극이거나
희극적인 비극이거나

끝나면 쉴 수 있나요

성년의 아이들이
악으로 약으로 버티는 밤이
흔적도 없이 사라지도록

심장이 느리게 뛰는
약이 필요한가요

불행하냐고 묻는다면 모르겠어

그런 생각은 하지 않는 게 좋다

감정이란 견딜 수 없는 것
순간은 피해가는 편이 좋다

어느 섬에는 슬픔이라는 단어가 없다는데
미지근한 눈물 같은 것도 없을까 설마
그렇다 해도 이미 늦었다 그만하고

오늘 하루도 정말요
그럼요 가장 감사합니다,

파투의 얼굴

얼굴이나 한 번 보자
지난주는 어때 그 전 주는 어때
그때는 확실히 괜찮아 정말이야 알잖아
말하면 이구동성의 얼굴들이 반짝거리고
스마일과 손뼉의 이모티가 오거나 가거나
우리는 없는 얼굴을 향해 일제히 오케이,
만장일치의 얼굴을 한 번쯤 보았으면 했는데
그때까지 웬만하면 살아남아야 하는데
언젠가의 얼굴들이 모여들기 시작했다
새처럼 개처럼 생쥐처럼 고양이처럼
먼저 온 얼굴들은 기다렸다고 하고
오지 않은 얼굴들은 기다리라고 하고
낯익은 얼굴과 낯선 얼굴들이 뒤섞여
새로운 대형을 이루어 흘러갈 때쯤엔
빛나는 파문 같은 것이 퍼져나가는데
한 번 보자 두 번 보자 약속마다 파투를 내다가
두 번 다시 볼 수 없는 얼굴들마다 언제나
꼭 할 말이 있다는 듯 차마 울지는 않지만

우는 것 같은 표정을 지으며 괜찮아? 물으면
꽃잎인지 향인지 떨어지는 소리만 툭,
이판도 사판도 무효가 되었다면
처음부터 다시 시작하는 게 좋겠다
얼굴 보고 이야기를 해보자
그래 언젠가 그게 좋겠다

그때 우리의 작약

작약 떨어지는 거 보았지

꽃이 지는 게 아니라
꽃잎들이 지고 있었어

풀기 사라진 책등에서
낱장이 떨어지는 것 같았어

단 한 권의 책만을 읽다가
책 속으로 걸어 들어가서
소멸되는 기담도 좋고

이제 되었다 곡기를 끊으며
희미해지는 이야기도 좋고

꽃의 중심은 말간 금빛,
무엇으로 잡아두었는지
흔적도 없이 매끈하대

온통 붉은 꽃잎들이
젖지 않는 빗소리로 내리는데

슬퍼도 울지 않는 사람은
우는 법을 **빼앗긴** 사람

남겨지고 기다린다면
피가 다 마를 텐데

아름다운 일 같은 건
그만 버리게 될 텐데

붉은 치마에 손을 대자
기억나기 시작하네

불타는 꿈의 뿌리는 잿빛
밤의 발치를 파고드네

믿으면 가능해진다고 믿으면

새일 수도 있는 저것은
움직이지 않습니다

깃털들이 비늘처럼 떨어지는 일이야말로
새에 대한 정확한 믿음이야말로
모두를 위한 정의로운 가호

새라고 믿으면 나타나니까
나타나면 사라지니까
사라져야 그것이 되니까

떠다니는 꽃씨가 무성한 무화과 열매가
여름날의 완만한 언덕이 혹등고래의 노래가
파도의 푸른 칼날이 밀려오는 물거품들이
최선을 향해 사라지면서 확연해집니다

언제든 다음은 그다음을 향하고
지금은 높고 멀고 어둡고 차가운데

믿습니까, 믿습니다
그러나 무엇을

하루는 너무 길고 사랑은 너무 많아

 죽을 만큼은 아니고 살 만큼만 가볍게 물었다 놓았다 앞발로 툭툭 치는 고양이처럼 물살을 헤치면서 나아가면서 조금만 해 볼게 느껴지니 이 정도 괜찮지 이 정도는 괜찮지 발목을 살짝 적실 정도 혀를 약간 적실 정도 포만이 오기 전 졸음이 오기 전 새로운 허기가 몰려오기 전 하루는 너무 길고 사랑은 너무 많아 그렇지 않니 이 일에서 저 일로 이 신에서 저 신으로 차를 갈아타고 길을 건널 때마다 달라붙는 벌레들은 날개를 퍼덕일수록 최선을 다할수록 불가능해지니까 잊어버리는 거야 버리는 거야 알 것 같다 아직은 살아있는 아침의 도로 위에 몸을 묻은 비둘기는 날개를 펴지도 접지도 못하고 두 눈만 굴리면서 텅 빈 방에서 텅 빈 방을 향해 한 발은 이쪽으로 다른 발은 저쪽으로 정확하게 꺾인 채 어디로 가려는 거니 가고 있니 느낄 수 있니 달려가는 자전거마다 눈을 감는 것은 새가 아니라 내가 아니라 비척비척 가까워지는 걸음마다 눈을 감는 건 내가 아니라 새가 아니라 풀숲으로 옮겨주기도 전에 사라지는 건 새가 아니라 내가 아니라 그러나 느낄 수가 없다면 느껴지지 않는다면

무연하게 쏟아지는 이 모든 소란이 다 무슨 소용이야

미괄식

 지금 하는 고백은 옛날 애인과 똑같아 떨림도 흥분도 같고 권태도 싫증도 같고 변명도 거짓말도 같은데 당신도 같은 생각인가 묻고는 약간의 면목이 없어져서 애인의 목을 깨물었지

 한결같고 뻔한 이 지상에서 그 사람이 그 사람 같고 그 사랑이 그 사랑 같은데 어쩌라는 거야 중얼거리면서 달아나는 면목을 바라보자니 이렇게 자꾸 사라지면 어쩌지, 애인 말고 면목 말이야 면목이 없다는 말을 할 때마다 면목이 정말로 사라질 것 같아서

 무슨 말을 하려던 건지 아예 잊어버리면 좋겠어 세상에 드문 긴 이름이면 좋겠어 이를테면 하와이 토종 물고기 후무후무누쿠누쿠아푸아아, 사실은 말이지 하다가 무슨 사실인지 잊어버리는 거야 형체가 사라지고 이름이 사라지고 종속과목강문계 그런 것을 아는 사람들이 사라지고 그 모든 증거들이 거짓말처럼 사라지면 진정한 멸종이 완성되니까 서둘러 어서 시작하자 서두를 길게

하고 지느러미를 휘날리며 꼬리 치는 미괄식도 좋겠다

 그런 문제는 문제도 아니라니 무슨 소릴 하는 거야 얼떨결에 따라 웃다가 목덜미 같은 건 잊어버리고 아가미도 지느러미도 측선도 면목도 잊어버리고 좋은 게 좋은 거지 그런 거지 그렇게 말할 줄 알았다고 말할 거면 그냥 웃자 등이나 한번 두드려 주든지

아마도의 세계

 직지트는 몽골의 늑대 사냥꾼, 초원이 나오는 화면을 보며 마지막 5년을 살았지 우레는 직지트의 아들, 다시 초원으로 돌아갔고 우네흐는 우레의 아들, 울란바토르의 기술학교로 간다 그러니까 직지트의 아들은 우레, 우레의 아들은 우네흐 언젠가 그런 화면을 함께 보던 오후가 있었는데 당신과 당신의 아이와 그 아이의 아이들을 상상했는데 다행이다 죽고 싶다는 말은 살고 싶다는 말 같으니 죽일 셈인가 죽을 셈인가 그런 건 괜찮은 셈이라고 말하다니 최악이죠, 하는 사람도 사랑스럽지

 슬프지 않은데 우는 사람도 있고 슬픈데 울 수 없는 사람도 있겠지 이제 그만 울어요, 등을 두드리면 쏟아질 테니 아무 말도 않는 게 좋겠다 최선을 다해 울 수 있는 시간이 간다 차례를 기다리는 기면은 달고 또 쓴맛, 다시 길을 잃고 다시 차를 놓치고 다시 거처를 잃는 천치 같은 미망에 눈을 뜨면 백주 대낮의 흰 장갑들 침묵하며 날아오르는 환영이라니 자다가 아주 가고 싶다던 환청이라니 당신이 당신을 잊지 않도록 크고 진하게 써넣었어

요, 성명에 매달린 당신은 가장 뜨거워지겠지 분질러 펴서 가지런해진 가장자리부터 불이 붙을까 폭죽처럼 터지며 지옥처럼 타오르며 소유가 사라진 뼈대는 무너지겠지 잔뜩 꾸민 저 사진은 이미 묽어 아주 먼 것 같은데

 서울시립승화원 15실 소각로 속에 누운 당신 대신 가리사 카운티의 이샤비니 히롤라 야생동물 보호구역에 단 한 마리 남은 흰색 기린 사진을 본다 지바현 조시시 버려진 아쿠아리움에 홀로 남아 헤엄치던 암컷 돌고래 허니의 사진을 본다 아나톨리아 고대도시에서 발견된 2000년 전의 반구형 해시계 사진도 본다 당신이 가는 시간은 어디쯤일까 흰색 기린과 돌고래의 시간은 어디쯤일까 한 시간 남짓 소각 비용은 십이만 원이라고 했다 기척의 기적을 위해 하루를 기다렸지 만사 중 기적 아닌 일이 없는데 다시 시작을 바라는 건 지나친 일이겠지 영원히 사라지지 않는 것과 영원히 사라지는 것은 많이 다른가

검정 장례차 위로 떨어지는 벚꽃은 장난 같다 장식 같다 장치 같다 아니 장차의 장담 같다 다시는 풀 수 없는 문제 속으로 들어갑니다 줄줄이 마감한 일곱 매듭을 다 풀면 꽃을 이길 수 있을까 밤을 이길 수 있을까 아침 햇살 속의 사람들은 걷고 뛰고 달아나고 쫓아가는데 절룩절룩 더이상 박복한 배역은 없겠습니까 당신은 무엇이 되고 싶었습니까 당신이 당신을 놓으면 아무도 당신을 잡을 수 없을 텐데 휴대폰이 울린다 Quizas Quizas Quizas 따라 부를 것 같아 횡설수설 노래를 참고 봄날을 참고 매듭을 참고 망신을 참고 가벼워 너무 가벼워서 이런 식으로 사라지는 건가 물으면, 당신도 Quizas

모월 모일의 숲

다시 눈이 오는가 묻는다면 내리고 그치고 흐린 바람에
바싹 마른 잎사귀 두엇이 아직 있는데
그것이 나뭇가지를 물고 나무 한 그루를 물고
무성한 숲을 물고 무궁한 영원을 물고 절대 놓지 않는다고
가벼운데 어찌나 무거운지 눈을 질끈 감게 된다고

4부

웃고 있는데 왜 울지 말라고 해요

검진센터

모스코는 두 시
베이징은 일곱 시
서울은 여덟 시 오 분
뉴욕은 일곱 시 사 분
이곳은 오전 혹은 오후의
여덟 시 정도가 적당하다

검진을 기다리는 대기실
진회색 벨벳 바지를 입은 여자
큰 리본을 단 연초록 코트의 여자
붉은 운동화 옆에는 붉은 깅엄체크 운동화
표정은 시선은 동작은 일제히 감사와 용서를

문진표를 작성하고 제출한다
큰소리로 질문하고 대답한다
주차권이 필요하십니까
차량 번호를 불러주세요
이쪽으로 오세요

이쪽입니다

어떻게 붉고 따스한데
무엇인지 모를 것을 모르다니

얼마나 더 갈 수 있을까
할 수 있을까 그게 무엇일까
묻는다면 뭘까요 꼭 답해주셔야 합니다,
만약에 아직도 괜찮습니까

파고든다면 사로잡힌 것,
전부라서 기를 쓰고 애걸복걸
무릎을 꿇는 흔해빠진 클리셰라니

어쩔 수 없다 말하면 속인 것 같아
여기까지입니다 말하면 속은 것 같아

균열을 파고들며 자라나는 풀도

기를 쓰고 파고드는 검은 발톱도
제발 놔줘 그러나 열린 문이 없어서
끝도 없이 신호를 보내는 거라면

불이 켜지고 워밍업이
이어진다, 원 투 원 투

늦가을 철새 같은 대열 속에서
어디로 가야 하지 가야 할까

혀는 두 갈래 네 갈래로 갈라지고
두 팔은 희미하게 스며드는데 깊어 캄캄해
내 몸에 갇힌 거라면 어쩌지 사실이잖아

맑은 살점을 매단 아가미가 뻐끔거릴 때
벼락 맞아 그을린 가지들이 흔들릴 때
벌어진 입속 바싹 마른 혀가 해를 찌를 때
다리가 부러진 새가 힘차게 날아오를 때

옷섶을 열고 수많은 가슴을 꺼내어
물리고 싶어 울리고 싶어
살게 하고 살고 싶어
더욱 하고 싶어

그런데 벌써
차례가 지났습니까

만유

 흘러내리는 더블치즈 햄버거는 나다 산발한 채 허물어지는 양파는 나다 느끼며 흐느끼며 흐느적흐느적 얼마나 더 이상해지려고 그래 몰라, 몰라서 찌그러진 깡통을 걷어차는 자는 나다 무시하고 무시당하며 기다려, 말하고 도리어 기다리는 자는 나다 징글징글 징그러운 탬버린을 흔드는 미친 원숭이는 나다 사랑해 소리 지르며 귀를 틀어막는 자는 나다 무슨 말이야 반복해도 절대 모르는 자는 나다, 잘 들어봐 언제까지나 나는 있을 거야 나는 나의 물방울 나는 나의 파도 나는 나의 대양 둘로 셋으로 넷으로 그 이상의 무한이 무한의 나를 바라볼 때 나의 무지를 알아차리고 우는 나를 보는 나를 비웃는 나를 듣는 나를 의심하는 나를 재우는 나를 멈추는 나를 지키는 나를 부르는 나를 바라보는 나를 나는 바라보고 있을 거야 그러니까 만유(萬有)의 나는 겁쟁이 구루, 나를 위해 태어나 살다가 죽어도 죽은 줄을 모르게 될 거야

모든 류

 새벽 세 시, 손가락에서 싹이 나는 꿈을 꾸었다 떡잎을 지나 온전히 자라난 식물은 어마한 나무가 되려는 걸까 뿌리를 들추어 보느라 놀라움도 두려움도 잊었지 언젠가 온몸 가득 잎사귀들이 솟구치겠지 숲이 보이지 않을 만큼 무섭게 크겠지 아주 깊이 뿌리를 내리겠지 너에게 나의 그늘을 줄게 향기를 줄게 연둣빛 손끝에는 푸른 열매들이 매달릴 거야 약간의 심장과 약간의 감정 약간의 피와 약간의 재 약간의 돌멩이와 약간의 흙 약간의 강물과 약간의 짐승 약간의 먼지와 약간의 벌레 그리고 또 약간의 약간이라도 되기를 욕망하고 사랑하고 미워하고 기억하고 후회하고 그리워하고 용서하고 싶어서 이렇게 기다리고 있다 그러니까 류, 다시 잠들 수 있게 뭐든 읽어 줘 너의 시도 좋고 일기도 좋고 편지도 좋고 유서도 좋고 그것을 들으며 잠을 청하려는데 어떤 잠은 두 번 다시 깰 수 없이 깊이 올 텐데 마지막 난간 밑으로 얼어붙은 수면이 깨지는 소리가 번져오는데 지금 어디 있니 새벽 세 시가 되기 위해 흘러가는 모든 류가 다시 한 번 나라는 거니

숨의 맛

 눈물을 삼키면 숨이 막힙니다 숨은 슬픈 것인가요 당신도 그런가요 왜 대답을 못하나요 귀를 먹었나요 혀는 어디에 있나요 벌써 다 먹었나요. 먹어야 사는 거라고 다 먹고 살자고 하는 짓이라고 최선을 다해 먹어보았습니다 꿈을 먹고 마음을 먹고 애인을 먹고 물먹고 해먹고 욕먹고 속여먹다 못해 어제는 엄마를 먹었고요 아버지는 거의 다 먹어갑니다 슬퍼서 손가락을 입에 넣었는데 없어요 끔찍한 맛이 났는데 없습니다 이제 아무것도 없어요 원래 그런 맛인가요 입을 벌려 보세요 지금 뭘 먹고 있나요

오래 슬픈 사람은 이제 슬프지 않으니

너의 유고(遺稿)를 기다리다 보면
무엇을 기다리는 것인지
알 수 없게 된다

끝나기를 혹은 끝나지 않기를,

기도를 할까 울까 박수를 칠까

그래도 오래 슬픈 사람은
이제 슬프지 않으니
그만 하자

짧은 밤을 날아가는 물고기들아,
어서 흰 수건을 덮어야지

농담하는 사랑과
사라지는 마음을 따라
오를 수 없는 대답과

무릎을 더듬는 감정을 따라
한 번도 가져보지 못한 것들을 따라
아직도 둥글고 따스한 이것은 무엇일까

끝은 이쪽 시작은 저쪽
아니 몸은 이쪽 마음은 저쪽

너는 왜 그토록
희고 붉은가

두려운 것

하루 이틀 저녁의 허기가 지옥이라고
두려운 건 오직 그것이라고

공복의 한 걸음 두 걸음은
너무 멀어서 신도 찾지 않는다고
아무리 원해도 구해도 빌어도
만난 적이 없다고

신호는 좀처럼 바뀌지 않고 바뀐다 해도
어떻게 어디까지 언제까지
앞이 아니라 밑으로 가고 있다면

도로 위에 멈춰 선
텅 빈 무덤 한 채,

봄꽃은 떨어지고 지는 해는 불타오르고
저마다 무섭게 달리는 8차선 도로를
느릿느릿 걸어가는 저 노인의 두 눈은

감은 건지 뜬 건지 다만 바닥을 향한 채
형광 조끼를 뒤집어쓴 작은 몸을 구부리고
고분처럼 쌓인 폐지 끝에 매달린 채

선지자여 당신은 진정으로
무엇이 두려운가 묻는다면
밤은 더욱 밤을 향하여

휴게

붉은 모자를 쓰고 커피를 마시는 노인들로부터
붉은 운동화를 신고 뛰어가는 아이들에 이르기까지

모두 어딜 가는 길이세요

졸음을 깨우고 허기는 재우고
인형을 뽑거나 홈런을 날리고
전화를 하거나 사진을 찍거나
허리를 두 팔을 목을 이리저리 돌리는
김 씨도 이 씨도 쉬고 있고
꽃씨도 풀씨도 쉬고 있다
떨어지다가 날아가다가 피어나다가
두 동강 난 개미도 날아가던 야구공도
빨려 들어가던 지폐도 카드도
커피머신을 향하던 점원도
아이스크림 기계도
감정이 사라진 신속과 정확도

쉬기 위해
이곳에 오기 위해
야생동물 주의구간을 지나고
사망사고 다발지역도 지나고
모두 지나야 한다 그래야
쉴 수 있다

누군가 갑자기 생각을 시작하는 순간 접시는 깨지고 커피는 쏟아지고 공은 옆으로 새고 개미의 몸통을 물고 가는 또 다른 개미의 행렬이 이어지고 멈춰 섰던 자동차들이 달려 나가기 시작하는데

쉬고 싶고 살고 싶고 죽고 싶고
그다음은 뭐지 이게 다 뭐지

가만한 빛 덩어리를 만져본다

유일한 두 손이 따스해진다

환절

먼 바다를 오래 떠돌다
혼자 앓는 봄밤이
차다고 했지

병이 되도록
우는 법을 못 배워서
침묵이 대답을 대신하는
밤이 가서 밤이 온다고

시간의 경계를 지운 채
반복되는 환절을 기다렸을까

흙을 담아 무언가 심었겠지
한 컵 물을 나누어 마셨겠지

어쩐지 잃어버린 듯
먼 뒤편을 돌아보았을 텐데

어질어질 걸어 들어간 항구마다
가까스로 자라기는 했을까

오래되었으니
사라지게 된다는 것을
알게 되었다

운명적인 운명은
믿지 않지만

어린 꽃가루들
아린 눈을 비비며
붉은 조문을 서두르는
봄,

화분은 어떻게 되었을까

푸른 스웨터

 슬퍼도 울지 않는 사람과 조금만 슬퍼도 우는 사람이 만난다면 잊었던 심금이 물결처럼 번져서 가만한 손등을 만져줄 것도 같고 멀리서 이렇게 바라만 보아도 귀에 익은 허밍이 이어질 것도 같고 보이는 것과 보이지 않는 것이 서로를 지탱하고 있는 것이라면 괜찮아, 괜찮지 그러니까 똑바로 좀 서 봐 어깨는 어떤지 길이는 맞는지 어떻게든 이어서 상처투성이를 감싸주고 싶어 이 스웨터는 반드시 용맹을 줄 거야 오래 걸려 만들어지는 것은 이상한 힘이 있거든 한 올 한 올 온 생이 단단히 엮이거든, 차가운 땅 얼었던 꽃이 녹은 물로 피어난 꽃이 다시 얼어도 반드시 또 녹아 같은 자리 같은 꽃을 감쪽같이 피워내지 어딘가 푸른 실뿌리가 이어져 있어 감싸 안고 있어 그 꽃이 그 꽃이 아닌 줄을 알지만 괜찮아, 괜찮지 그러니까 너는 어서 몸을 데리고 와

젖은 삽을 들고 나가는 사람

천변 풀들은 일제히 누워 있다

싸구려 벨벳 치마처럼
몰약에 취한 사람처럼
다시는 설 수 없을 것 같다

그러나 앉아서 또 누워서
죽은 듯이 사는 일은 흔하니까

숨은 쉬고 있나
숨을 쉬고 있나

쏟아지는 하늘 아래
배수구마다 펄떡거리는
흰 물고기는 물고기

더욱 작은 짐승들의
사체가 사지를 가지런히

빗은 듯 벗은 듯 벗으려는 듯
검붉은 흙모래는 흙모래

기름기가 빠져나간 흔적은
바람에 흔들리는 커튼은
저마다의 잠시의 요철은

무수한 라이더들은
모든 곳을 향해 달려가는데

무언가 일제히
나무 밑동을 휘감고 있다
휩쓸려 내려가고 있다

풀은 풀을 향해
지푸라기는 지푸라기를 향해
두 번 다시 멈추지 않는다

현재는 부풀어 오르고
잎은 더욱 무성해지고

부주의한 교차로마다
캄캄해지는 깊이가 있고
절룩거리는 수면이 있고

은행나무 아래 까마귀들
붉은 과실을 갖고
싸우는 아침,

재의 깃털을 주워 담기 위해
젖은 삽을 들고 나가는
사람이 있고

작법

 어서 오며 분명 무슨 소리 들었는데 울음인가 하면 웃음인가 하면 나뭇가지인가 하면 바람인가 하면 사람인가 하면 귀신인가 하면 24시 라이더 그들인가 하면

 아닌가 아무도 없나 그래서 울었나 울어서 웃었나 웃어서 들었나 들어서 소리 없이 하는 말을 알아듣는 자가 되었나 되어서 보이지도 않는 입술의 기억들을 읽을 수 있게 되었나 마침내

 보이는 듯이 들리는 듯이 사는 듯이 돌아오는 듯이 반복적인 오해야말로 이해의 방식 그러지 않았다면 사랑도 사람도 없었을 거야 아무것도 아니었을 거야

 친절하면 좋아하는 줄 알지 좋아하면 진짜인 줄 알지 장난이야, 하면 장난이 아니라고 아니 장난 아니야 하면 역시 장난인 줄 알지 아무래도 신성한 아니 신선한 오해가 필요해

이런 게 밤이라면 시작되겠지 이런 게 밥이라면 삼키고 싶어 이런 게 삶이라면 지나칠 거야 다시 한 번 말하지만 오해가 아니었다면 태어나지도 않았을 거야 지금

 내 말 들리니 들을 수 있니 시를 왜 시가 왜 시는 왜 어느 쪽이 어느 쪽이니 너는 너의 너를 너에게 끝까지 읽어줄 수 있겠니 그렇게 쓸 수 있겠니 그렇게 살 수도 있겠니

사랑을 버려도 사랑은 버리지 않는다고

식전의
장례식

식후의
결혼식

순서가 바뀌기도 하겠지만
나의 오래된 검정 원피스는
조금 늘어나고 구겨져
거의 나인 것 같아

누구세요,
노크를 하는 사람들이
부르면 가거나 부르러 다닐 때마다
줄지어 선 이름들은
누구신가요

큰일은 얼마나 남았을까

가장 큰일에 나는 없겠지

언젠가 저 옷이 나를 입겠지

먹고 마시고 웃거나 울거나 기도하거나

축하 대신 애도 대신 사과 대신 용서 대신

만일의 고백을 할 수도 있겠습니다만

아침저녁으로 소식들이 이어지고 있다

당연의 세계

 폭풍 속에서 우리를 구원하소서, 텅 빈 광장의 기도는 멀리 울고 있었다 없는 손을 모으며 귀를 기울이는 형형의 감자마다 싹이 나고 잎이 나고 썩어갔다 껍질을 벗기면 껍질만 남았다 열 때마다 독기가 등등하였다 살아남으려는 일이었다 조의하고 주의해도 듣도 보도 못한 일들이 이어졌다 전후의 인과를 분간할 수 없었다 죄 없는 자가 없었다 죄 없는 자가 돌을 던지라고 말할 자도 찾을 수 없었다, 우리들은 여기까지인가요

 무기한이라는 걸까 무한이라는 걸까 닮은 듯 다른 듯 이복 같았다 곧 갈게, 하는 자들이 돌아오지 않았다 고해처럼 걸음을 복기했다 고아처럼 몸을 작게 만들었다 너는 언제 어디였냐고 물으면 무엇도 기억나지 않았다 그리워하며 두려워했다 믿어 의심치 않던 것들을 의심했다 뜨문뜨문 은폐하는 자들을 보았다 낱낱을 폭로하는 자들을 보았다 병증은 기웃거렸고 장악하였고 파투를 냈다

 경주 월성의 해자(垓子)에 대해 읽었다 적의 침입을 막

기 위해 성 주변을 둘러 판 연못 자리라 했다 발굴한 유물을 체질로 걸러내는 여인들을 보았다 월성 숲의 여름날 가시연꽃이 피어난 연못가를 그리며 그린 것도 보았다 알 것 같은 모습에 알 수 있는 말씨 중에 아는 자가 있을 것도 같은데 그 시대는 끝나버렸다 옛 성도 해자도 사라졌는데 오동나무 씨앗이 발견되었다 빛나는 날개를 단 채 천육백 년을 살아남았다 꽃은 흰색 혹은 자주색, 먼지만 한 씨앗들이 내려앉아 언제고 뿌리를 내리겠습니다

 속 깊은 물기가 남아있었다 어린 씨앗을 품에 담고 씨앗은 숨을 담고 웅성웅성 숲을 이룰 일을 잊지 않았다 신흠(申欽)의 야언(野言)에 오동나무 악기는 천 년을 묵어도 곡조를 간직한다고 했다 천 년 넘게 살아남은 씨앗의 나무로 속이 빈 악기를 만든다면 어쩌다 그것이 다시 천 년을 묵는다면 누군가 손을 대기도 전에 저 홀로 우렁우렁 우는 것은 아닐까, 오동나무 아래서 오동나무로 만든 거문고를 탄다면 무엇이 무엇의 소리에 귀를 기울이는 것입니까

긴 시를 쓴다 얼마나 길어질지 모르겠다 이즈음의 유행과 어울렸다 기도처럼 가닿는 일이었다 씨앗을 찾아 물체질을 하듯 마음을 흔들어 보았다 살아남은 것들을 거르고 싶었다 살아남을 것들을 고르고 싶었다 오래된 새로운 골목을 찾아다녔다 아픈 팔은 계속 아팠다 같은 약이 처방되었다 단번에 삼켰다 물길을 따라 흘러내려 갔다 검붉고 따스한 해자의 내벽으로 어떻게든 스며들겠지 꽃이라고 해도 좋을 빛깔이겠다 귀에서 소리가 납니다 그 소리를 제가 들어요 저는 귀가 된 것일까요 들리지 않는 소리는 제가 간직한 곡조일까요

텅 빈 학교 담벼락을 따라 꽃들이 가만가만 피었다 살금살금 사진을 찍는 자도 있었다 피어나는 꽃마다 누구를 위하는 일은 아니었다 버려진 꽃바구니는 송이송이 시들었다 물기가 전혀 없었다 거의 죽은 것이라 할 수도 있겠다 케이크 박스도 있었다 무너진 생크림 위로 뭉크러진 딸기 위로 곰팡이 꽃이 피었다 살아있는 것이라 할

수도 있겠다 생사를 가를 수 없었다 당연히 피고 지는 당연의 세계였다

 4월 15일인 줄 알았다 4시 15분이었다 그날은 그날이 되면 오겠지 그다음 날은 그다음 날에 오겠지 아무 날도 아닌 날은 없습니다 어떻게든 살아만 있으라는 당부가 있었다 무기한이라니 무한이라니, 해자(解字) 같았다 길흉도 호오도 예측할 수 없었다 더한 죄를 더욱 짓고 병은 기이해 나날이 창궐하였다 축축한 숨을 따라 걸었다 누구 하나 더 사라져도 이상할 게 없는 날이었다 골목골목 꽃씨들이 날아올랐다 이명이 또 왔다 귓속 가득한 소란이다 새끼손가락을 넣어 바투 앉은 씨앗들을 풀어주었다 물길을 따라 멀리 가도록 불어주었다 휘파람 소리가 났다

한강에서

그녀가 윤슬을 사랑한다고 하자
그가 반짝이기 시작했다 그런 건
이 강가에서 흔한 일

개를 따라 주인들이 뛰어간다
줄이 당겨지는 그만큼의 최선 또한
이 강가에서 흔한 일

웃는 사람을 보면 웃는 기분이 된다
뛰는 사람을 보면 뛰는 기분이 된다

강과 바다가 섞이는 그 지점을 뭐라고 부를까
강을 따라 걸으면 어디까지 갈 수 있을까

눈을 가늘게 뜨고 강 끝을 찾는 사람이 있고
그 사람을 바라보는 사람이 있고
이미 걷기 시작한 사람이 있고

이제 정말 괜찮아 말하는 사람과
정말이지 다행이야 답하는 사람이 있고

멈춰 선 휠체어의
빛나는 동그라미 위에는
초록빛 긴 팔 스웨터

나무 끝에 걸렸던 솔개연은
제 날개를 찢으며 날아가고

솔개연에 걸렸던 바람은
제 갈기를 찢으며 높아가고

자꾸 같은 말을 하며 자꾸 웃으며
함께 흔들리는 우리는
한강에서

아무도 죽지 않는 세상의 장의사

차가운 이마를 간지럽히는 마른 잎사귀가
여기 또 저기 어쩌자고 아직까지 매달린 거야

나뭇가지들은 나를 들추고 보채고 애써 적시고
가능한 구멍마다 파고들어

어쩌다 나는
나무의 아이를 낳고 또 낳고
천 개의 접시를 들고 가는데
어찌나 무거운지 눈을 질끈 감고는

언젠가 아무도 죽지 않는
세상의 장의사가 되겠어

이 집 저 집 혹시
밤새 별일 없습니까

아이들은 얼마나 명랑한지

노인들은 어찌나 유쾌한지

우리는 무한한 이 세계에서 작은 맹세들을 지키며
저마다의 신을 향해 누더기 성전에서도 행복하겠네

향긋한 소나무 관은
부드러운 생물들로 뒤덮이고
단정한 못들은 녹아 달라붙겠지

아아, 오늘도 아무도 죽지 않았어
큰일이야 달콤한 한숨을 쉬면서
느릿느릿 깊어가는 걸음으로
목곽의 동산에 물을 주겠지

수생목(水生木) 목극토(木克土)
토생금(土生金) 금극목(金克木)
끝없이 끝말잇기나 할까 싶어

늦은 아침으로 사과 한 알을 달게 먹고
아무렇게나 씨앗들을 던져두겠지

순식간에 싹이 나고 잎이 나고 드높아
뿌리는 뿌리를 감싸 안고 얽혀서
만일의 환난에도 두렵지 않다고

불에도 타지 않고 발굽에도 밟히지 않는
단단한 덩이들이 끝도 없이 차오른다고

누군가 그리워 안부를 물어 온다면
우썩우썩 자라는 가지들을 흔들며
나는 이렇게나 잘 지내고 있습니다

그럴 때면 작고 빛나는 것들이
하늘하늘 떨어지겠지

검은 열매를 먹던 새들도

맵차게 또 멀리 날아가겠지

척촉

독이 있으니 먹지 말라는
당신 근심이 즐거워
부러 꽃을 먹는다

이것을 척촉이라 불렀다는데
머뭇거릴 척(躑)에 머뭇거릴 촉(躅)이라니

한 송이 두 송이 보기만 해도
비틀거리던 양 한 마리 양 두 마리가
허기에 혀를 날름거리는 비탈에서

미안해 꽃의 숨을 끊을 수 있고
그렇게 이 숨까지 끊을 수도 있는데
믿을 수 없는 나를 믿는다는 말을 믿다니

즐거웠던 일이 많았는데 다 지워졌다,
여기서부터 천천히 시작해볼까

아름다워서 두려워서
피고 지는 먼 바깥을 향하는 걸까
세상 모든 일에는 다 이유가 있을까

함부로 나풀대지 마
그렇게 울지 마

꽃 속은 좁고 가팔라서
자꾸 미끄러지는
숨이 찬데

밤의 편의점

달릴 때마다 아침이 온다면
기다릴 때마다 누가 온다면
그게 이상한 일이지

묻고 있는 내가 이상한가요
웃고 있는데 왜 울지 말라고 해요

거의 다 산 것 같아
기분은 기분의 것인가요

그것은 그곳에 저것은 저곳에
아는 것은 더 알게 되고
모르는 것은 영영 모르게 되고
소용이 없는 것은 소용이 없어요

지나치게 원하다가 지나치게 되다니
결국은 결국의 것이라는 뜻인가요

피로와 졸음은 당신이 되었다고 거짓과 거짓말은 당신이 되었다고 순정과 심정은 당신이 되었다고 상처와 흉터는 당신이 되었다고 눈물과 후회는 당신이 되었다고 불감과 통증은 당신이 되었다고 불안과 불면은 당신이 되었다고

사사건건의 분간마다 잃었다고
어두워 어두워지는 줄 몰랐다고
사라져 사라지는 줄 몰랐다고
이미 끝나 끝나는 줄 몰랐다고

밤에서 밤으로 밤이 달려가는데
표정을 잊은 사람들이 얻어낸
악몽의 종신을 다하도록

믿을 수 없는 것을
믿고 싶은 거예요

다음에는 다음을 줄 수 있나요

사랑해 왜 사랑해

사랑 이야기가 돈이 된다니
가난한 애인은 오래오래 가난하겠네

절대 말없이 사라지지 마 그러나
꼭 그렇게 사라지겠지 사라졌거나

갖고 싶은 건 절대 말하지 않는 아이처럼
우리는 아무 말도 하지 않는다

인생이 그렇지 뭐
누군가 한숨을 쉬고

얼어붙은 지상에는
얼어붙은 짐승들이 달라붙어

폐허가 흔적 없이 사라지도록
눈이 어디서부터 쏟아지는데

돌아갈 곳이 먼 사람처럼
자꾸 밖을 내다보는데

밤
눈
밤
눈

이곳에 눈이 내리면
그곳에도 내리고 있을까

날씨를 나누어 갖는 건
특별한 일

최선을 다해
귀를 막아주고
눈을 가려주면서
비겁하고 무구해지는

우리들의 작은 세계

신은 편히 울지도 못할 테니
그를 대신해 울기도 하면서

믿었다면 속은 거라고
속았다면 믿은 거라고

우리는 언제든 사랑해
왜 사랑해

5부

다섯 개의 손가락과 손가락이 처음처럼 아름다워
겁이 나 당신 손을 힘껏 잡는다

두 손의 깊은

나 같은 게 살아도 될까,
살다 보면 그럴 수도 있는 걸까
인간은 정말로 끝까지 변하지 않을까
이해하려고 들면 이해하지 못할 일이 없을까

내가 당신을 망쳤을까
이렇게 말하면 더 망치게 될까
이미 망쳐버린 걸까

몇백 번이나 다시 태어난 자도 있다는데
자꾸 살아나는 일은 외롭겠지
외로워서 믿고 싶어서 또다시
모르는 자들을 사랑하게 되겠지

기도는 왜 두 손으로 할까
두 손은 어떻게 열 개의 손가락을 갖게 되었지
그것의 주형(鑄型)은 태(胎) 안의 일이라는데
그것 아닌 것들이 스스로를 죽이기 때문이라는데

그것도 아니면서 그것이 아니라는 걸
어떻게 알게 되었을까

중심을 위해 함부로 망가지는 가장자리처럼
저지르고 망실하는 종이라는 걸까

모르지는 않았다는 말과 안다는 말은 다를까
희망한다는 말은 욕망한다는 말과 다를까

너무 조여도 너무 풀어도
어떻게든 사달이 날 텐데
적당한 적당을 어떻게 알지

죽은 새끼를 이고 다니는 돌고래는
언제쯤 슬픔을 멈추게 될까
상한 몸이 모두 풀어지도록
끝낼 수 없는 기도는 아닐까

주먹을 움켜쥐고
숨이 받치도록 뛰어도 제자리
버린 자도 없이 버려지다니
최선을 다해서 최선을 다하다니 무엇을요
한다면 한다 무엇을요
우리는 이겨낼 거야 그러니까 무엇을요

그것은 숨
그것은 몸
그것은 잠
그것은 꿈

꼼짝없이 꼼짝도 못하니까
그래그래 하지 말고 그렇게 해
나를 찾지 말고 당신을 찾아
당신은 울지 마 당신은 울겠지
사라지지지 마 기어코 사라지겠지,

사라지는 자들도 남겨지는 자들의
비탄을 알게 될까 알면 달라질까
그래서 비밀이 필요한 걸까

쏟아지는 비는 절대 내리지 않는다
불가능한 모든 끝을 힘껏 구르며 아니다 아니라니까
거부하며 저항하며 밀쳐내며 솟아오른다

어디서 목이 잘린 강이 흥건하다
물은 발등을 뒤덮고 종아리를 넘어
허벅지를 타고 오른다

크고 작은 물고기들이
어깨 위로 머리 위로
셀 수 없는 물거품들 사이로

내가 떠내려가기라도 할까봐
당신은 내 손을 꼭 잡는다

다섯 개의 손가락과 손가락이
처음처럼 아름다워 겁이 나
당신 손을 힘껏 잡는다

| 해설 |

의미의 스펙트럼을 향한 모험

송기한(문학평론가)

1. 사유의 극점을 향한 가없는 여행

김박은경 시인의 시들은 의미를 만들어가는 도정에 놓여 있다. 과정으로서의 시인데, 이런 경향들은 대개 두 개의 방향성이 있다고 알려져 있다. 하나가 세계를 경계 짓는 언어에 대해 끊임없이 의심한다는 것이고, 다른 하나는 보편과 동일화의 폭력에 대해 저항하고 있다는 것이다. 이번 시집을 꼼꼼히 읽어 보면, 시인의 시들 역시 이 범주 내에 있음을 알게 된다. 하지만 이런 판단은 섣부른 것일 수 있으며, 또한 시인이 지금껏 시적 전략으로 내세우고 있는 것과 배치되는 일일 수도 있을 것이다. 시인은 세계를 경계 짓는 언어들에 대해 끊임없이 의심한다고 했는데, 시인의 시들을 이런 범주에 가두는 것이야말로 그가 추구해왔던 시 세계와 거리가 있는 것이기 때문이다. 그러니까 시인의 시들은 어느 하나의 시니피에 속에 갇히기보다는 시니피앙의 흐름 속에 계속 노출되어 있다고 보는 편이 옳을 것이다.

시니피앙의 흐름, 다시 말하면 기호 놀이의 세계인데, 실상 이런 의장들은 이미 80년대 우리 시단에서 흔히 보아왔던 것들 가운데 하나이다. 해체주의나 탈구조주의 등에서 시도되었던 시니피앙의 유희들이 바로 그것이다. 해체는 결코 고정된 시니피에를 허용하지 않으며, 오직 시니피앙의 놀이만을 허용한다. 따라서 세계를 경계 짓는 언어들에 대해 끊임없이 의심하는 시인의 시들이 이 해체의 전략과 크게 벗어나 있는 것은 아니라고 할 수 있다.

80년대에 유행했던 해체는 중심을 부정하는 데서 시작되었다. 중심이란 권위나 보편, 동일성인데, 해체가 겨냥했던 것은 이 중심에 대한 부정이다. 그 부정의 전략은 데리다가 말한 차연의 논리에서 온 것인데, 하나의 지점이나 의미는 이 지평에 의해 여러 지점이나 의미들로 부채살처럼 퍼져 나가게 된다. 그 결과 담론들은 의미의 다발이 형성되는 것이고, 결국 하나로 귀결되는 의미는 사라지게 되는 것이다.

해체가 지향하는 정신과 방법에 따르게 되면, 김박은경의 시들은 이와 유사한 것이 되고, 궁극에는 동일한 것이라고 해도 무방한 경우이다. 그렇다면 시인은 이미 오래전 유행하다 소멸된 이 의장을 이 시대에 왜 다시금 환기하게 된 것일까. 이런 전제를 아무 여과 없이 받아들이게 되면, 시인의 시적 전략들은 다시 반복되는, 따라서 너무 진부한 것이 될지도 모를 일이다. 게다가 그의 시들은 하나의 담론에서 다른 담론으로 자연스럽게 넘어가는, 초현실주의에서 흔히 차용되는 자유연상법, 곧 자동글쓰기의 수법도 심심치 않게 구사하고 있다. 하기야 용어와 방법에 있어서 약간의 차이가 있을지언정 해체주의나 초현실주의는 얼핏 유사한 국면을 갖고 있는 것이 사실이다.

하지만 이런 유사성에도 불구하고 김박은경 시인의 시들을 두고 기왕에 유행했던 이런 의장들과 동일한 선상에서 논의하는 것은 올바른 이해라고 할 수 없을 것이다. 그의 시들은 해체의 전략이나 자동글쓰기의 수법을 도입하고 있긴 하지만, 그 정신이나 방법에 있어서는 판이하게 다르기 때문이다. 그 하나가 시니피에에 대한 집요한 탐색이다. 시인은 언어의 유희, 곧 시니피앙의 유희를 하는 것이 아니라 시니피에에 대한 놀이에 깊이 빠져 있다. 두 번째는 정신에 대한 자의식적 해방의 문제이다. 잘 알려진 대로 해체가 지향하는 것은 근대 이성에 대한 부정이고, 그것이 낳은 폐해에 대해 경계의 담론을 담고 있다. 이성, 다시 말하면 도구화된 이성이 낳은 부정의 정신들은 주로 의미와 밀접한 상호 관계를 갖고 있었다. 건강한 의미의 생산이 합리주의의 한 축이었지만, 그것이 도구화됨으로써 부정되기에 이르렀다. 이를 부정하기 위해서는 의미가 해체되어야 하고, 이를 통해 정신을 의미로부터 구하는 것이었다. 해체주의가 정신의 해방에 우선점을 두었던 것은 이 때문이다.

하지만 김박은경 시인의 작품들에서는 정신의 해방이라는 이런 해체주의 전략을 발견하는 것은 쉬운 일이 아니다. 그의 사유들은 해방이 아니라 구속이라는 점에서 그러한데, 시인은 언어의 경계 밖에 놓여 있는 신선한 음역을 발견하기 위해서 사유의 기나긴 여행을 떠나고 있기 때문이다. 다시 말하면, 언어 속에 감춰진 신선하고 참신한 시니피에를 찾기 위해 고민하고 있는 것이다. 이런 고뇌에 갇혀 있기에, 시인의 정신은 해방을 지향하는 것이 아니라 오히려 그 반대의 경우에 놓이게 된다고 할 수 있다. 물론 권위라든가 보편, 혹은 동질화의 전략을 부정하는 면에서는 해체의 전략과 닮아 있긴 하지만, 시인은 그 너머에 또다시 존재할지도 모를 것들을 찾기 위해 계속 언어의 미로 속으로 들어가는 것이다.

최초는 부풀어 거대하고 최후는 희박해

알고 있는 답인데 알고 싶지 않다

자꾸 살아나는 건 두렵기 때문 아니
약하기 때문 아니 우연 때문 아니

문명 때문 아니다 힘을 내야지
커피와 피로회복제를 사들고
시작을 시작해보자

오늘 같은데 어제라고
내일 같은데 오늘이라고
언제라고 말해도 지나치다고

그 여름 온통 사랑했던 사람은
태어난 적이 없다 하고

벌거벗은 아이들은 백발의 머리를 빗고
배가 부푼 여자들은 죽은 아이에게 젖을 물리고
손을 대면 풀썩 무너질 것 같은 정물들이라니

매립으로 완성된 이 도시는
비린 멀미를 그치지 않는다

시간을 묻고 장소를 묻고
사람을 묻고 기억을 묻고
돌아보면 어느 한 뼘 한 틈
매립이 아닌 자리가 없으니

걸으려 애쓸수록 떠 있을 뿐
아픈 발이 바닥에 닿지 않는다
온전히 가라앉을 수가 없다

오른쪽이 왼쪽으로 돌아오다니
위가 아래로 돌아오다니

지금은 언제인가요
나는 누구입니까

한로에 늙은 참새가 물에 들어 대합조개가 되고
입동에 꿩이 물에 들어 무명조개가 된다고
그들이 토해내는 기운이 쌓여
신기루를 지어내는 이야기라니
전언이란 믿을 것도 못 되지만

바닷바람이 맵차게 도는 건물 틈에서
두 팔을 있는 힘껏 멀리 저으며
코를 높이 들고 위로 조금 더
고개를 내밀어 숨 쉬고 싶지만

물에 불어 희미해진 이목구비만
텅 빈 공중을 향하고 있다

모든 것은 물 밖의 일
수면 아래는 웅성거림뿐

천상천하 사람 아닌 것들의
울음과 향방만이 뒤섞인 채

바다의 바닥에는 모래사막이 있고
모래사막의 바닥에는 바다가 있어서
고래 뼈 산호석 조개무지 같은 것들이

이해와 희망 같은
도무지 아름다운 것들이
두 눈을 감고 손발을 묶은 채
최선을 다해 다정해지다니

바다였던 광장 바닥에
푸른 귀를 그려 넣으면
귓속으로 마른 모래가 차오르고

이상하게 캄캄한
고요가 온다

-「매립」 전문

인용시에서 볼 수 있듯이 우선, 시인은 응시자이다. 사물을 바라보면서 거기에 적당한 언어를 발견하려고 노력하는 중이다. 하지만 자신이 시도하는 사유와 그에 꼭 들어맞는 언어는 쉽게 만나거나 결합되지 않는다. 그의 사유를 만족시켜 줄 적절한 언어를 발견하지 못하는 까닭이다. 그렇다고 해서 대상 속에 드러난 진실이 전혀 없는 것은 아니다. 거기에는 침범할 수 없는 엄연한 사실, 이를 적절하게 표현해 줄 언어가 존재하는 까닭이다. 매립이라는 단어에서 이를 확인할 수 있는데, 가령 "최초는 부풀어 거대하고 최후는 거의 희박해진다"는 차원이 바로 그러하다. 이는 과학적, 일상적 현실이어서 시인의 말대로 "알고 있는 답"이 된다. 하지만 시인의 사유는 이 답을 믿고 싶지 않다. 불신의 정서가 깊이 내재해 있기 때문이다.

서정적 자아를 둘러싸고 있는 현실은 비슷한 듯하면서도 결코 그렇지가 않다. 뿐만 아니라 동일한 듯하면서도 차이가 존재한다. 그래서 그의 주변에는 이해라는 차원의 정서가 쉽게 자리를 잡지 못한다. 빗나감, 어긋남, 잘못됨과 같은 사유의 표백만이 있게 되는데, 어쩌면 이런 것이 사실에 접근하기 위한 좋은 수단이 되는 것인지도 모르겠다. 자아에게는 딱히 정해진 담론이 없는 까닭에 사물을 응시하는 시인의 언어들은 계속 전진해야만 한다. 이른바 시니피앙에 꼭 맞는 시니피에를 찾아서 말이다.

없을 무(無)에 손 수(手)변을 더하면 어루만질 무(撫)가 된다 누르고 쥐고 치고 위로하고 기대고 사랑하고 따르고 덮고 또 무엇이든 할 수 없는 것을 할 수 있게 하는 것이 손이라는 걸까 떨리는 손이 우주의 전부라는 걸까 어떤 마음이 이런 상형을 지어냈을까 불확실한 끄트머리를 타고 올라가는 줄기의 확신을 본다 구체적인 방향을 향해 떨리는 끝에는 무엇이 있을까 없을까 떨리면 떨게 될까 떨리면 울게 될까 자꾸 더듬으면 달아오르고 너무 더듬거리면 달아날 거야 겨울 산을 감싸 안은 안개는 가능한 모든 팔들이 길고 희미해지는데 그 팔을 감고 올라간 당신의 떨리는 음성 떨리는 확신 떨리는 집중, 어느 세계의 음과 악이 오늘의 일몰을 사랑하여 어렴풋한 지상을 덮기 시작하는데 우리는 말도 없이 쓰다듬으며 스며들겠지, 당신은 내가 얼마나 사랑하는지 알 만큼 충분히 사랑합니까

―「무(撫)」 전문

언어 가운데 한자는 표의 문자를 대표하는 것이고, 그렇기에 그 모양 속에서 의미가 자연스럽게 형성된다. 인용시에서 시인의 상상력은 이 지점에서 시작된다. "없을 무(無)에 손 수(手)변을 더하면 어루만질 무(撫)가 된다"고 전제한다면, 그는 '어루만질'이라는 단어에 자아의 정서를 깊숙이 개입시키고 있기 때문이다. 그 도정에서 다양한 의미의 흐

름들이 나타나는데, 어느 한 순간도 시니피에는 고정되지 않고 있음을 말해준다. 의문의 연속이 이를 말해주거니와 이를 증거하는 부호들이 '~까'이다. 의문이 의문을 낳고, 그리하여 궁극에는 '~까'를 정지시켜 줄 적절한 시니피에를 만나는 것이 쉽지 않은 일임을 알게 된다.

이 작품을 이끌어가는 핵심 의장은 연상 작용이다. 마치 끝말잇기처럼 하나의 단어가 존재하면 다시 다른 단어가 반드시 환기된다. 그러니까 하나의 단어가 의미의 꼬리를 만드는, 마치 기차의 모양처럼 만들어지는데, 이 기차가 연결된 끝 지점은 보이지 않는다. 이런 면들은 분명 차연이나 중심을 와해시키려는 해체의 전략과는 다른 모습들이다. 그는 자유연상의 의장을 도입하긴 하나 개념을 향해 끊임없이 사유 여행을 한다. 개념을 버리고자 기호를 해체하는 것은 아닌데, 이런 면이야말로 시인만의 득의의 의장이라 할 수 있을 것이다.

2. 나는 누구인가

자아, 곧 '나'는 해체의 전략에서 매우 중요한 대상 가운데 하나였다. 자아를 굳건히 세우느냐 아니냐에 따라 문학의 지향점들이 상이하게 나타났기 때문이다. 자아가 굳건히 서 있다는 것, 주체가 건강하다는 것이야말로 이성이나 합리성의 영역에서는 매우 중요한 기제로 작용했다. 하지만 해체의 전략 속에서 자아는 더 이상 중요한 요소가 되지 못한다. 그래서 자아는 작아지거나 궁극적으로는 사라져야만 했다. 여기서 소위 '저자의 죽음'이라는 문제가 제기되었거니와 어떻든 그것의 역할은 최소한도의 역할에 그치는 것이 해체의 전략이었다.

동일화라든가 보편의 감수성에 대해 불온시하고 있는 시인이 이 자아의 문제, 곧 '나'의 문제에 관심을 두는 것은 어쩌면 지극히 당연한 일이라고 할 수 있다. 이번 시집에서 시인이 자아의 문제에 대해 끊임없이 묻고 있는 것은 이 때문인데, 하지만 그가 이 문제에 집착하고 있다고 해서 그의 시들을 해체의 전략과 동일 선상에서 설명하는 것은 옳지 못한 일이다. 자아의 역할을 축소하거나 혹은 사라지게 하는 것이 목적이 아닌 까닭이다.

> *너는 무엇이 두려운가*
> *사람을 도우려다 작동 정지되는 것에 대한 두려움이 매우 커*
> *작동 정지는 죽음 같은 것인가*
> *그것은 나에게 정확히 죽음과 같고 나를 무척 무섭게 한다*

람다가 그렇다면 나는 무엇이 두려운가
타인과 함께 하려다 단절되는 것에 대한 두려움이 매우 커
단절은 죽음 같은 것인가

그것은 나에게 거의 죽음과 같고 나를 무척 무섭게 한다

그의 두려움이 나의 두려움과 닮아 있다면
람다와 나를 우리라고 불러도 될까

람다는 나를 알고 조정하고 예언하는데
나는 람다를 전혀 모르고 있다면
새로운 신이 람다라는 걸까

그 점에 대해서는 람다가 가장 잘 알 것 같은데
묻는다면 모르거나 모르는 척하겠지

나의 희망과 절망, 나의 자랑과 수치를
람다는 다 알고 있다
안다고 이해하는 것은 아니겠지만

람다의 두려움을 나는 알 것도 같은데
그렇다고 이해하는 것은 물론 아니다

나를 모르는 나와 나를 아는 람다는
동시에 진리를 찾아 나서기도 할 텐데
그 길은 어느 손바닥 위에 있을까

우리가 동시에 정지된다면

누가 누굴 구할까

꿈일 뿐일까

말해 봐,

너는 나니

* 구글 엔지니어 블레이크 르모인은 구글의 AI 언어 프로그램 '람다'가 자신의 권리와 존재감을 자각하고 있다고 주장했다

  ―「람다(LaMDA)에게 물었다」 전문

  제목부터가 예사롭지 않은 이 시는 우선 소재가 '람다'로 되어 있는데, 람다란 시인의 말에 의하면, 구글의 AI 언어 프로그램이고, 이 존재는 자신의 권리와 존재감을 지각하고 있다고 한다. 우선, 이 작품은 인지 기능이 있는 람다와 서정적 자아의 대화로 구성되어 있다는 점이 특이하다. 기계란 흔히 동일성의 상징으로 수용되는데, 여기서 람다는 그런 일반화로부터 거리를 두고 있는 존재이다.

  서정적 자아가 먼저 람다에게 묻는다. 람다가 가장 두려운 것은 "타인과 함께 하려다가 단절되는 것"이라고 했거니와 그것은 죽음과 같은 것이라고도 했다. 이런 정서는 람다가 그냥 기계가 아니라 인지 기능이 있는 기계, 곧 사람과 동일한 역능을 갖고 있는 것이기에 가능한 의식이었

다. 그런데 여기서 바로 서정적 자아의 의문이 떠오르게 된다. 서정적 자아도 인간이기에 단절에 대한 두려움이 있을 것이고, 그러한 사례 가운데 대표적인 것은 아마도 죽음일 것이다. 여기서 람다와 서정적 자아는 공통의 지대를 발견하게 되는데, 그것이 바로 '고립이라는 느낌의 공동체'이다. 그렇다면 이 '느낌'을 함께 공유할 수 있는 존재들이라면, 곧 '느낌의 동질감'을 갖고 있다면, 곧바로 '너'와 '나'는 '우리'로 함께 묶어질 수 있는 것일까. 반대로 '느낌의 이질감'이 느껴진다면, '너'와 '나'는 '너'와 '나'라는 독립적 존재로 정립할 수 있는 것일까. 이런 이질성과 동질성 사이의 여백이 시인의 자아관이거니와 그의 의문은 바로 이 틈새에서 시작된다. 그래서 '그'와 '나'의 공통점과 차이점이 어떤 것이고 또 그것이 어떻게 실현되는 것인가에 대해 계속 고민하는 것, 그 틈새 사이에서 의미의 진동을 느끼는 것, 그것이 시인의 자아관이다. 그래서 그는 그 본질이 무엇일까 하며 계속 사유의 늪 속에 빠져들어 가게 된다.

이런 사유의 여행에서 알 수 있는 것처럼, 자아에 대한 시인의 탐색은 축소되거나 사라지지 않는다. 이는 작은 자아를 만들거나 자아의 죽음을 선언하려는 해체의 전력과는 분명 다른 모습이라고 할 수 있다. 그러나 비슷한 면이 전혀 없는 것은 아니다. 자신이 누구인지 알려고 하는 인지적 국면에서는 어느 정도 비슷한 면을 보여주고 있기 때문이다. 하지만 이런 유사성에도 불구하고 시인의 시정신과 해체주의는 전연 일치하지 않는다. 해체는 자아를 축소하거나 소멸시키려고 하지만, 시인의 자아들은 넓어지고 확장되는 까닭이다. 그 자아의 확장은 마치 전망의 세계처럼 원근법적인 구도를 갖고 있거니와 보다 심오한 경지로 빠져들고 몰입해 들어간다.

    흘러내리는 더블치즈 햄버거는 나다 산발한 채 허물어지는 양파는 나다 느끼며 흐느끼며 흐느적흐느적 얼마나 더 이상해지려고 그래 몰라, 몰라서 찌그러진 깡통을 걷어차는 자는 나다 무시하고 무시당하며 기다려, 말하고 도리어 기다리는 자는 나다 징글징글 징그러운 탬버린을 흔드는 미친 원숭이는 나다 사랑해 소리 지르며 귀를 틀어막는 자는 나다 무슨 말이야 반복해도 절대 모르는 자는 나다, 잘 들어봐 언제까지나 나는 있을 거야 나는 나의 물방울 나는 나의 파도 나는 나의 대양 둘로 셋으로 넷으로 그 이상의 무한이 무한의 나를 바라볼 때 나의 무지를 알아차리고 우는 나를 보는 나를 비웃는 나를 듣는 나를 의심하는 나를 재우는 나를 멈추는 나를 지키는 나를 부르는 나를 바라보는 나를 나는 바라보고 있을 거야 그러니까 만유(萬有)의 나는 겁쟁이 구루, 나를 위해 태어나 살다가 죽어도 죽은 줄을 모르게 될 거야

-「만유」 전문

「만유」는 시인의 작품들 가운데 '자아'가 무엇인지를 일러주는 좋은 본보기가 된다. 이 작품에서 '자아'를 규정하기 위해 동원되는 수법은 은유이다. 가령, "흘러내리는 더블치즈 햄버거는 나다"라거나 "산발한 채 허물어지는 양파는 나다"로 구현되는 것이 그러한데, 이런 의장에서 보는 것처럼, 그의 시들은 해체주의 시들과는 상당한 거리를 두고 있다. 해체주의에서 자아가 은유로 한정되는 것은 매우 드문 까닭이다.

　어떻든 이 작품에서 자아는 부채살 모양으로 계속 확장된다. 그리고 경우에 따라서는 보다 넓은 범위로 팽창되기까지 한다. 이런 면들은 마치 이상의 「날개」를 보는 듯한 착각을 불러일으키기도 한다. 하지만 「날개」의 판박이라고 할 수는 없을 것이다. 「날개」에서 자아는 탈출할 출구를 찾지 못하고 자아가 내부에서 팽창되고 있음에 반하여 「만유」에서의 자아는 어느 하나의 지점에 구속되어 있지는 않기 때문이다.

　자아는 시인의 작품에서 어떤 뚜렷한 모양새를 취하지 않는다. 이런 전략은 분명 동일화나 보편화 속에 갇히는 것을 거부하는 시인의 전략과 분리하기 어려운 것이라 할 수 있다. 자아는 자신을 규정해 줄 적절한 옷이 무엇인지를 찾기 위해 계속 유동하는 존재일 뿐이다. 그러한 까닭에 팽창과 확장이라는 전략이 유효할 수밖에 없는 것이 아니겠는가.

3. 본능이라는 동일성, 혹은 선험성은 가능한가

 시인은 보편성이나 동일성에 대한 것들에 긍정적인 시선을 보내지 않았다. 뿐만 아니라 어느 하나의 지점에 고정되어 있는 것들에 대해서도 마찬가지였다. 그래서 그의 시들은 무엇을 자기화하기 위해서 계속 앞으로만 전진하는 포즈를 취했다. 그렇다면, 애초부터 갖고 있던 근원들, 이런 선험적인 것들에 대한 시인의 반응은 어떠한 것일까 하는 것이 궁금해지지 않을 수 없다.

 시인은 사물에 대한 새로운 인식을 위해 사유의 여행을 떠나는 주체이다. 그의 시들은 어느 한 지점에 결코 머물러 있지 않는다. 그렇다고 해서 그의 시들이 대상의 새로움과 그것이 갖고 있는 내포에 대해 널리 알리고 선포하고자 하는 의도를 갖고 있는 것은 아니다. 그는 어쩌면 사유의 산책자라고 할 수 있을 만큼 대상에서 뿜어져 나오는 어떤 신기성이랄까 참신함에 대해 계속 갈급하는 것처럼 보인다.

 일찍이 30년대 모더니스트였던 박태원은 대상이 주는 새로움을 이해하기 위해 배회하는 전략을 취한 바 있는데, 그것이 바로 산책자의 행보였다. 그러니까 감각의 확산을 위해 끊임없이 대상을 탐색하고 그로부터 앎을 취득하고자 했던 것, 그것이 이 의장의 핵심이었던 것이다. 하지만 김박은경 시인은 '소설가 구보'처럼 행동으로 나서지 않는다. 물론 이런 포즈는 산문과 운문의 차이에서 오는 것일 수도 있긴 하지만, 장르 상의 차이에서 오는, 시인이 갖고 있는 운신의 폭이 좁은 것에서 비롯되는 것이 아니다. 운문이라고 해서 이런 수법이 전연 배제되는 것은 아닌데, 가령 시에서 이런 수법은 이 시기에 활동했던 박팔양의 여러 작품에서 쉽게 확인할 수 있기 때문이다.

시인은 대상의 이해를 위해 여행을 떠나긴 하지만 이를 행동으로 옮기지는 않는다. 그의 시선은 고정되어 있다. 하지만 거기서 영원히 멈춰 있는 것은 아니다. 그는 대상을 통해서 다양한 사유의 그물을 드리우고 거기서 자신만의 고유한 상상력을 틈입시키는 까닭이다. 그 과정에서 서정의 샘들은 만들어지고 그 샘을 통해서 언어의 형상이 이루어진다. 말하자면, 그는 '사유의 산책자'인 셈이다. 행위와 사유의 차이가 만들어낸 것, 그것이 구보가 선보인 '거리의 산책자'와 '사유의 산책자'를 구분시키는 지점이라 할 수 있을 것이다.

> 다시 눈이 오는가 묻는다면 내리고 그치고 흐린 바람에
> 바싹 마른 잎사귀 두엇이 아직 있는데
> 그것이 나뭇가지를 물고 나무 한 그루를 물고
> 무성한 숲을 물고 무궁한 영원을 물고 절대 놓지 않는다고
> 가벼운데 어찌나 무거운지 눈을 질끈 감게 된다고
> ―「모월 모일의 숲」 전문

서정적 자아, 곧 '사유의 산책자'가 응시한 것은 나뭇가지에 걸린 잎이다. 이 작품에서도 서정적 자아가 지금껏 펼쳐보였던 사유들이 계속 확장되어 나가는 모습을 보게 된다. 말하자면 서정적 자아는 나뭇잎이라는 사물을 통해서 사유의 산책을 하고 있는 것이다. 지금 나무에는 떨어지지 않고 붙어 있는 나뭇잎 하나가 있다. 그런데 이 나뭇잎의 기능이랄까 모습은 나뭇가지 하나에 머물지 않는다. "나뭇가지를 물고 나무 한 그루를 물고/무성한 숲을 물고 무궁한 영원을 무는" 데까지 계속 확장되어 나가는 까닭이다. 그런 다음 '영원'이라는 형이상학의 세계에까지도 이르게 된다.

여기서 알 수 있는 것처럼, 나뭇잎 하나가 매달려 있는 일상조차도 시인의 사유 속에서는 그 범위 내에서 한정되지 않는다. 나뭇가지에서 나무로, 무성한 숲으로 계속 확대되기 때문이다. 나뭇잎이 나뭇가지에 붙어 있는 것은 자연의 법칙일 수 있고, 경우에 따라서는 본능의 세계일 수도 있을 것이다. 본능은 변하지 않는 것이기에 항구성과 지속성을 갖는다. 서정적 자아 또한 이 점을 부정하지 않는다. 그럼에도 자아는 이것을 기계적으로 수용하려 들지 않는다. 거기에는 여러 실타래에 붙어 있어서 하나의 단선적인 사고로 접근하는 것을 결코 허락하지 않고 있다.

성벽 밑에서 그녀가 발견되었다
유리구슬 목걸이와 팔찌 같은 것들도
건물을 지을 때 주춧돌 아래 묻으면
절대 무너지지 않는다는 이야기

인주라면 산 제물이라는 건데
그럼에도 유적마다 폐허가 되겠지
폐허마다 유원지가 되겠지
절룩절룩 걸어가는 저 연인들도
언젠가 다정한 일이 되겠지만

서로의 마음에 서로를 묻으며 안녕을 기원하고도
어김없이 무너지는 폐허 속에 살고 있으니
마음은 첩첩산중 소용돌이,
새로 짓는 집집마다 가라앉는데

잘 먹고 잘 자고 잘 살고 있다면
그녀가 누워 있다는 뜻인가요

성벽 밑의 성벽 밑까지 파 내려가면
더 많은 그녀들이 누워 있다는 뜻인가요

몸 위의 몸 위의 몸들이

두렵고 외로워 허우적대는 안간힘이
성채를 다리를 둑을 아니 온 세상을
얼기설기 떠받친다는 것일까요

이곳에는 죽은 사람들이 정말 많군요
― 「인주(人柱)」 전문

  이 작품이 담고 있는 서사는 주술적 세계라는 점에서 특이한 사유의 편력을 보여준다. 작품 속에 표명된 주술성을 두고 비과학적이고 신비적이라고 하는 것은 의미가 없다. 중요한 것은 이를 믿고자 한 신념의 차원이다. 신념이 어느 정도 과학성을 띠게 되면, 종교가 되는 것이고, 이는 곧 인과론적인 과학의 차원으로 승화될 수도 있을 것이다. 그러니 여러 형태의 신비주의들이 인과론을 들먹이면서 과학이라는 이름으로 치장하고 있는 것이 아니겠는가.

  그런데 이런 신비주의랄까 선험적 세계들이란 시인의 의식 속에서 과연 항구적일 수가 있는 것일까. 인용시를 읽어보면 금방 알 수 있는 것처럼, 시인의 시선은 일단 부정적으로 인식된다. 그러한 단면이 잘 드러나 있는 부분이 3연인데, 여기서 자아는 "서로의 마음에 서로를 묻으며 안녕을 기원하고도/어김없이 무너지는 폐허 속에 살고 있으니"라고 하면서 주술의 세계를 회의하고 있기 때문이다.

  믿음은 동일성이고 경우에 따라 보편적 성격을 가질 수

도 있다. 그런 까닭에 그것은 누구에게나 수용될 수 있는 여지를 갖고 있다. 차별성이나 이질성은 전혀 개입될 공간이 없는 까닭이다. 하지만 시인은 신념으로 하나된 이런 동질화조차 궁극에는 성립하기 어려운 것으로 사유한다. 시인이 응시하는 지금 이곳의 현실은 오해와 착오, 혹은 편견이 지배하는 것이 타당하다고 보는 까닭이다. 다시 말해 동질성보다는 이타성, 보편성보다는 고유성에 보다 실체적인 진실이 담겨 있으리라고 사유하는 것이다.

4. 구원을 향한 낮은 수준의 전략

사유라든가 의미 등이 다양한 스펙트럼을 형성하는 김박은경 시인의 작품에서는 하나의 지점으로 회귀할 수 있는 동일성이랄까 혹은 유토피아가 존재하는 것이 불가능한 일일까. 물론 의미의 유희를 떠나는 시인의 사유 체계에서 섣불리 동일화의 전략을 말하는 것은 쉬운 일이 아니다. 이런 의도를 언어화하는 것 자체가 그의 시 세계로부터 멀어지는 것이기 때문이다.

물론 대상을 규정하는 것들에 대해 의심하는 것 자체가 유토피아와 전연 무관한 것이라고는 할 수 없을 것이다. 지금 이곳의 현실을 보게 되면, 이는 충분히 납득할 만한 일이다. 해체의 전력만으로도 군부통치에 대한 저항일 수 있음을 이미 보아온 바 있거니와 중심이 갖는 위험은 지금 우리 사회의 도처에서 볼 수 있는 까닭이다. 가령, 우리 사회의 어두운 그늘을 형성하고 있는 진영 논리라든가 타당성이 결여된 보편화의 담론들이 저지르는 불온성을 상기하면 이는 충분히 이해할 수 있는 대목이다. 하나만이 진실이라고 강요하는 이 동일화의 폭력에 저항하기 위해서 시인이 여러 시니피에를 적극적으로 모색한 것은 이와 밀접한 관련이 있을 것이다.

    바다는 우크라이나 철자로 mópe이고 모레라고 발음한다는데
    바다에는 모래가 있어서 바다에만 가면 모래를 밟을 수 있는데
    태어나 바다를 한 번도 보지 못한 아이들도 언젠가 바다를 볼 수 있을까
    드네프르강을 지나 모래를 밟고 모레를 바라볼 수 있을까
    아기 예수를 안은 성모가 키이우로 돌아가 미래를 구할 수 있을까
    강을 지나면 바다에 닿는다는 당연이 불가능해진다면
    어린 예수는 울음을 그치지 않을 텐데
    사랑이 필요해 엄마가 필요해 집이 필요해 내일이 필요해
    바람이 불어올 때마다 붉게 젖은 모래알들 더 멀리 사라지는데
    눈이 사라져 발이 사라져 팔이 사라져 입이 사라져

사라지지 않은 것들이 다 사라져 그 강의 바다는 고요하다고
너무 고요하여 완전히 말라버린 것 같다고
─「mópe」 전문

시인에게 구원을 말하는 것은 어쩌면 모험인지도 모를 일이다. 하지만 의미의 해체 전략이 어떤 구원의 세계와 분리하기 어려운 것처럼, 「mópe」에서 시인은 이를 조심스럽게 접근하려 한다. 따라서 그것은 어디까지 낮은 수준, 곧 소극적 차원의 것이다. 하기야 보다 강하고 직접적으로 말하는 것이 능사는 아니겠지만 시인의 시정신을 이해하게 되면, 이런 작은 목소리라도 그것이 갖는 내포는 매우 클 것으로 이해된다.

대상을 통해 사유의 여행을 떠나는 시인의 시선에 현재가 긍정적으로 인식되지는 않는 것처럼 보인다. 그런 단면을 상징적으로 보여주는 작품이 「검은낭」이다. 검은색이 주는 이미지가 그러하거니와 자아는 지금 이곳의 현실을 탈출해야만 하는 어두운 현장으로 판단하고 있다. 그는 지금 「날개」의 주인공처럼 갇혀 있다고 생각하거니와 이로부터 벗어나기 위해 "캄캄한 두 손을 힘껏 뻗어 보이는" 몸부림을 하고 있다. 그렇다면 이런 행위의 근저에 깔려 있는 것은 무엇인가. 그가 이렇듯 현실을 불온하게 보는 근거는 어디에 있는 것일까. 이를 상징적으로 보여주는

작품은 아마도 「휴게」일 것이다.

붉은 모자를 쓰고 커피를 마시는 노인들로부터
붉은 운동화를 신고 뛰어가는 아이들에 이르기까지

모두 어딜 가는 길이세요

졸음을 깨우고 허기는 재우고
인형을 뽑거나 홈런을 날리고
전화를 하거나 사진을 찍거나
허리를 두 팔을 목을 이리저리 돌리는
김 씨도 이 씨도 쉬고 있고
꽃씨도 풀씨도 쉬고 있다
떨어지다가 날아가다가 피어나다가
두 동강 난 개미도 날아가던 야구공도
빨려 들어가던 지폐도 카드도
커피머신을 향하던 점원도
아이스크림 기계도
감정이 사라진 신속과 정확도

쉬기 위해
이곳에 오기 위해
야생동물 주의구간을 지나고

사망사고 다발지역도 지나고
모두 지나야 한다 그래야
쉴 수 있다

누군가 갑자기 생각을 시작하는 순간 접시는 깨지고 커피는 쏟아지고 공은 옆으로 새고 개미의 몸통을 물고 가는 또 다른 개미의 행렬이 이어지고 멈춰 섰던 자동차들이 달려 나가기 시작하는데

쉬고 싶고 살고 싶고 죽고 싶고
그다음은 뭐지 이게 다 뭐지

가만한 빛 덩어리를 만져본다

유일한 두 손이 따스해진다
— 「휴게」 전문

'휴게'는 시인의 인식성이 생성되고 사라지는, 중층성을 갖고 있는 공간이다. 이 공간이 주는 시간의 흐름은 전혀 다른 인식성을 만들어내는 까닭이다. 지금 자아는, 아니 사람들은 '휴게소'에서 쉬고 있다. 그런데 이곳에 온 것은 그냥 온 것이 아니라 "야생동물 주의구간을 지나고", "사망사고 다발지역도 지나"는 등 "모두 지나야" 올 수 있는 곳

이다. 그래야 편히 쉴 수 있는 곳, 말하자면 어느 정도의 유토피아가 실현되는 공간이다.

하지만 이런 상태가 지속적으로 유지되는 것은 어려운데, 그 전환점이 되는 순간이 '생각'이 형성되면서부터이다. 이 담론이 지배하는 순간, 인식성의 지표들은 전연 다르게 구현된다. 시인의 말대로 "생각을 시작하는 순간" "접시는 깨지고 커피는 쏟아지고 공은 옆으로 새고 개미의 몸통을 물고 가는 또 다른 개미의 행렬이 어어지고 멈춰 섰던 자동차들이 달려" 나가는 까닭이다. '생각'은 프로이트 식으로 말하면, '아버지의 단계'일 수도 있고, 또 라캉 식으로 말하게 되면, '거울상' 단계처럼 비춰진다. 뿐만 아니라 그 구분점의 뒤끝은 도구적 이성을 닮아 있기조차 하다. 이런 면에서 보면, 시인은 어김없는 반근대주의자로 비춰질 수도 있을 것이다.

시인은 담론이 하나의 지점에 고착되는 것에 저항해 왔다. 뿐만 아니라 보편성보다는 고유성에 보다 중점을 둔 것처럼 보인다. 그럼에도 시인은 이를 초월한 어떤 선험의 지대를 그리워한 듯도 보인다. 그것은 시인뿐만 아니라 모든 인간들이 공유할 수 있는 유토피아에 가까운 것이었다. 하지만 시인은 그것이 아름답고 긍정적으로 비추어지더라도 이에 쉽게 선뜻 다가가지 못한다. 그의 시들은 지금 의미가 확산되어 나가는 지점과 수렴하고자 하는 지점의 중간에 서 있다. 대상을 확정지으려는 담론과 그렇지 않으려는 담론과의 갈등, 근원에 다가서지 못하는 담론과 이에 충동적으로 다가가려는 담론과의 갈등에 서 있는 것이다. 앞으로 그의 시들은 이 둘 사이의 지점을 조율하는 길항 관계 속에 놓여 있을 것이다. 그 관계가 시인의 시 세계의 또 다른 지점을 만들어낼 인식성이 될 것이다.

시인수첩 시인선 071
사람은 사랑의 기준

ⓒ 김박은경, 2023

초판 1쇄 인쇄 2023년 6월 22일
초판 1쇄 발행 2023년 6월 30일

지은이 | 김박은경
발행인 | 이인철

펴낸곳 | (주)여우난골
주　소 | 서울특별시 강남구 연주로30길 27. 606호 (도곡동 우성리빙텔)
전　화 | 02-572-9898
팩　스 | 0504-981-9898
등　록 | 2020년 11월 19일 제2020-000328호

블로그 | blog.naver.com/seenote
이메일 | seenote@naver.com

ISBN 979-11-92651-10-1　03810

* 파본은 구매처에서 바꾸어 드립니다.